Le Paris du XVII^c Siècle

LE PARIS

DU XVIIE SIÈCLE

LE PARIS

DU XVIIE SIÈCLE

PLAN MONUMENTAL

DE LA

VILLE DE PARIS

DÉDIÉ ET PRÉSENTÉ AU

ROY LOUIS XIV

(1653)

DÉDICACE

AU

ROY LOUIS XIV

AU ROY

Sire,

*Voicy le Plan de votre incomparable ville de Paris
que j'ose présenter à Votre Majesté. J'ay creu que
cet ouvrage n'en était pas tout à fait indigne, et que
représentant fidellement la première ville du plus flo-
rissant royaume de toute la terre, il pourrait estre
favorablement reçeu de son Roy, qu'on reconnoist le
Premier et le plus Puissant Roy de tout le monde.
Les autres plans de cette mesme ville qui ont paru
jusqu'à présent ont esté méprisez, comme faux entièrement, ou du moins sans mesures et proportions ; il
y a sujet d'espérer que celuy-cy, estant faict selon
les règles de géométrie, sera considéré non-seulement
à cause des grands avantages qui s'en peuvent tirer
pour le service mesme de V. M., mais aussi pour faire
que dans les pays les plus éloignés, ceux qui ont creu*

la réputation de Paris au-dessus de la vérité, admirent sa grandeur et sa beauté. C'est sans doute pour ces raisons que le deffunct Roy Louis-le-Juste, estimateur des choses excellentes, avoit désiré ce Plan, en l'estat auquel il est, et ces mesmes raisons me font encore présumer qu'il ne sera pas dés-agréé de V. M. et qu'elle ne désapprouvera pas le dessein que j'ay de faire les autres grandes villes de France de la mesme méthode. Celuy-ci seul est un travail de cinq années, mais je ne puis employer plus glorieusement toutes celles de ma vie qu'à me faire paroistre avec autant de respect que le doit,

Sire,

De Votre Majesté
Le très-humble, très-fidel et très-obéissant serviteur et sujet.

Jacques GOMBOUST.

CECY est une réduction au 180e du Plan décrit dans la Notice, divisée en neuf
[pl]anches ou quarrés, numérotés de I à IX, pour indiquer l'ordre de l'assemblage des
[ne]uf dites planches. Elles forment, dans leur dimension originale, un ensemble de
[1m]75 de hauteur sur 1m80 de largeur.

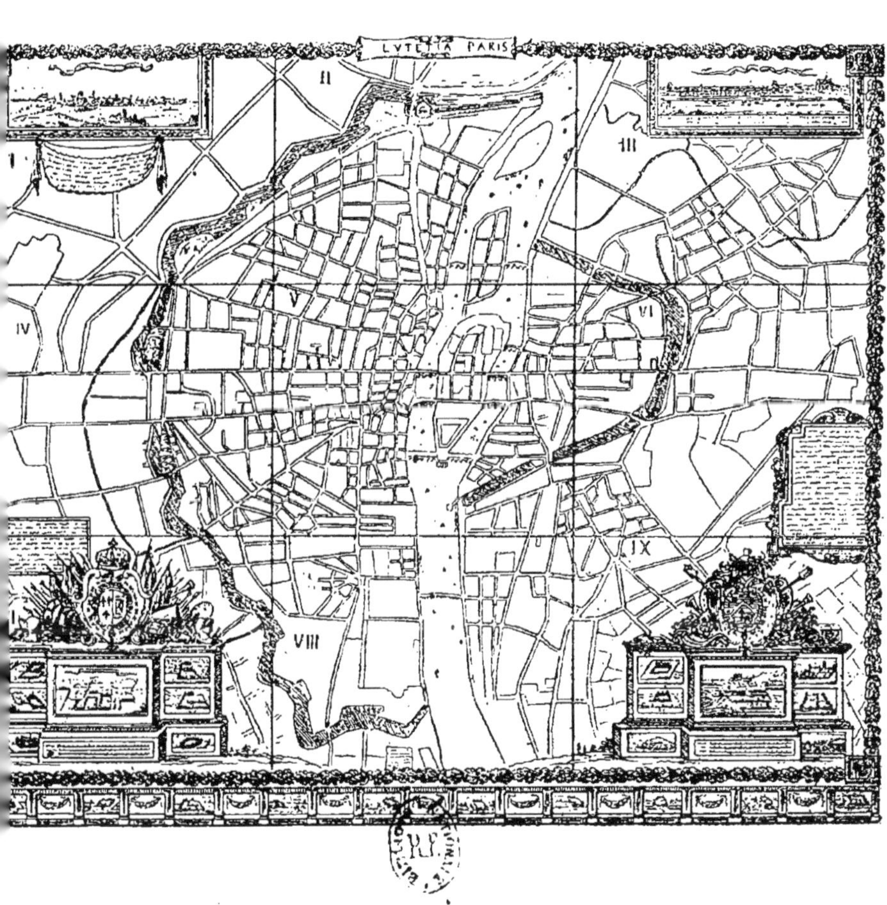

DESCRIPTION

Jacques Gomboust, qui prend les titres de Conducteur d'ouvrages de fortification et d'Ingénieur du Roy, se déclare auteur de ce Plan, pour l'exécution duquel il reconnaît avoir eu l'aide et les conseils de M. Petit, Intendant des Fortifications. Dans son Avertissement au lecteur, il expose toute l'économie de son travail. Après avoir dit combien de difficultés il a dû vaincre pour bien reproduire, d'après les règles sévères de la géométrie, les Rues, les Quais, les Ponts, les Places, les Églises, les Couvents, les Hôpitaux, les Collèges, les Palais et les Hôtels, il insiste sur l'ignorance de tous ceux qui avaient essayé le même travail avant lui, signale quelques-unes des fautes grossières qu'ils avaient commises, et termine en disant qu'il n'a représenté que les *Hôtels de conséquence, avec leurs Jardins et Parterres,* mais qu'il a pointillé la surface de toutes les maisons particulières.

En sorte que partout où il y a des points, figurez-vous, dit-il, que ce sont des maisons, soit dans la ville, soit dans

les fauxbourgs [1]. Et de tout il fault avoir l'obligation particu-
lière à Monseigneur Séguier, chancelier de France, dont le
mérite et la vertu ne sçauroient estre assez hautement
louez, etc. [1].

Jacques Gomboust dit qu'il a mis cinq années à l'exécution de son œuvre; par conséquent c'est l'état de la
Ville de Paris en 1647, que représente le plan qu'il a
dessiné.

Les Palais, les Églises, les Couvents, les Collèges, les
Hôtels et Maisons remarquables, les Ponts, les Portes, etc., sont autant de curieuses monographies.

Le Plan de Gomboust, imprimé sur papier de Hol-
lande à la forme, pris dans son ensemble, mesure, en
hauteur, Un mètre soixante-quinze, et, en largeur, Un
mètre quatre-vingts; il se divise en neuf feuilles foliotées
de I à IX.

Un tore de chêne d'un grand effet, forme bordure, aux
quatre angles duquel on remarque quatre écussons :

En haut, à gauche, les Armoiries du Maréchal de L'Hospital, Gouverneur de Paris; à droite, les Armes de la ville
de Paris; en bas, à gauche, les Armoiries de Robert de
Lance; à droite, celles de Geoffroy de Villemain.

Les quatre angles du Plan sont occupés par des gra-
vures dont voici le sujet : dans les angles du haut, deux
Vues de Paris. Celle de gauche représente Paris, vu
de Montmartre; celle de droite une perspective générale
des galeries du Louvre. Dans les angles du bas, deux
piédestaux : celui de gauche est surmonté des Armes de
France, celui de droite des Armoiries du Chancelier Sé-

---

1. Cet avis aux lecteurs commence sur le Plan, à la feuille VI
et se termine feuille IX. (Les chiffres romains se rapportent au
neuf feuilles qui composent l'ensemble du Plan.)

guier. Sur les piédestaux on compte sept vues des maisons royales. A gauche : *Fontainebleau. — Monceaux. — Villers-Cotrait (sic). — Chantilly. — Limours. — Bois le Vicomte. — Escovan (sic)*; à droite sept : *Saint-Germain. — Madrid. — Versailles. — Ruel. — Vincennes. —Bisestre (sic). — Arcueil;* et cinq différentes échelles de mesure.

Au bas du Plan, sous le tore de chêne qui forme bordure, on voit une suite des Châteaux particuliers, les plus remarquables des environs de Paris : *Anet,* à M. de Vendosme. — *Dampierre,* à M. de Chevreuse. — *Rosny,* à M. de Sully. — *Nanteuil,* à M. de Schomberg. — *Bury Rostaing,* à M. de Rostaing. — *Maison,* à M. de Maison. — *Pont-les-Caves,* à M. de Chavigny. — *Covrances,* à M. Gallard. — *Le Raincy,* à M. Bordier. — *Mesnil Habert,* à M. de Montmor.

(*La dédicace au Roy Louis XIV, qui se trouve au début de cette notice, fait partie de l'ensemble du Plan : elle commence à la feuille IV, se termine à la feuille VII, et est encadrée au-dessus des Armes Royales.*)

Deux avis, adressés par Gomboust à ses lecteurs, font partie de l'ensemble, et occupent l'espace resté vide dans les faubourgs. Dans le haut du Plan, et au milieu, on lit sur un cartouche : *LUTETIA. PARIS.*

Quand on jette le regard sur cet ensemble, l'œil est charmé et surpris de la netteté et du fini d'exécution des objets qui s'y trouvent, de la richesse de l'ornementation qui les accompagne. Non seulement tous les Ponts, toutes les Places, tous les Monuments civils ou religieux ainsi que les principaux Hôtels particuliers, sont représentés, mais on y voit encore les Portes, les Barrières, les Marchés, les Fontaines, les Égouts, même les Puits et Regards. Les monuments religieux ou civils sont dessinés avec soin, dans des proportions minimes, à vrai dire, mais suffisantes pour qu'il soit possible d'en apprécier la valeur.

La *Gazette de France*, à la date du 12 mars 1653, s'exprimait en ces termes au sujet de la faveur qu'obtint Gomboust de présenter lui-même au jeune roi Louis XIV le premier exemplaire du Plan de Paris, gravé par le célèbre Abraham Bosse.

Comme le génie du Roy est universel et qu'il s'entend parfaitement à toutes les belles choses qui font la meilleure partie de ses nobles divertissements, ces jours passés l'on présenta à Sa Majesté un Plan avec la description de la ville de Paris et de ses fauxbourgs, lequel, après un travail de plusieurs années, a esté enfin donné au public par le sieur Gomboust, ingénieur de Sa dicte Majesté, qui s'est employé avec tant de soins et d'exactitude que non seulement toutes *les rues*, mais aussi *toutes les églises et maisons plus remarquables* y sont représentées en leurs justes dimensions; de sorte qu'en un espace de cinq ou six pieds en quarré, on peut voir et parcourir à son aise cette vaste et célèbre ville justement appelée la merveille et l'abrégé de l'univers.

Jacques Gomboust, dont la demeure est indiquée sur le Plan comme étant l'*Hostel du Saint-Esprit*, rue Saint-Honoré, entre Saint-Roch et le Palais-Royal (feuille VIII), a fait toute la partie géométrique du travail; quant aux profils des Monuments, aux petits Personnages qui se voient en plusieurs endroits, aux Châteaux des environs de Paris, placés en bordure et aux fleurons, il est probable que, pour tous ces détails, il a eu des collaborateurs.

Certaines indications données par le Plan de Gomboust, ne se retrouvent pas dans les autres ouvrages relatifs à la topographie de Paris.

Sur la feuille II, Vieille rue du Temple, entre les

rues de la Perle et des Coustures Saint-Gervais, on voit un bâtiment oblong, d'une assez grande importance, autour duquel on lit : *Comédiens du Marais.* C'est là que ces comédiens qui s'étaient séparés de leurs confrères de l'Hôtel de Bourgogne, représentèrent une grande partie des pièces de Corneille. Nous ne connaissons pas d'autres indications de cet ancien théâtre. La même observation s'applique au théâtre de *l'Hôtel de Bourgogne*, dont les bâtiments sont représentés (feuille V) entre les rues *Françoise* et *Montorgeuil* (*sic*).

Sur la feuille III, derrière la Manufacture de tapisseries des Gobelins, au bord de la petite Rivière de Bièvre, on voit un assez grand espace, protégé par un mur, qui porte le nom de *Pré des enfants;* un pont jeté sur la Bièvre conduit dans cet enclos qui a la forme d'un carré long : on y voit des enfants se livrant aux jeux; plusieurs dansent en rond.

Quel est ce *Pré des enfants?* On ne trouve à cet égard aucun éclaircissement dans les historiens de la ville de Paris.

Signalons encore le petit *Château Gaillard*, situé au bord de l'eau, à la descente du Pont-Neuf, à droite, au bout du Quai de Nevers ou de Conti (feuille V); bien que très légèrement figuré, ce bâtiment a toutes les apparences d'une ancienne construction avec tourelles.

La démolition en fut ordonnée le 5 novembre 1655.

Feuille V, rue des Assis (plus tard rue des Arcis), en face de la petite rue de la Lanterne, on trouve l'indication suivante : *Bureau de l'Escritoire.* On avait pensé que ce bureau, placé à deux pas de la rue des Escrivons, servait de lieu d'assemblée aux membres de la Corporation des écrivains, encore florissante à cette époque, mais on trouve dans le Dictionnaire de Trévoux la note suivante : « Escritoire (bureau de l'). C'est ainsi qu'on appelle le lieu où se tiennent les assemblées des maîtres jurés charpentiers de la ville et fauxbourgs de Paris. »

Sur la feuille VIII, entre les rues de Verneuil et de Bourbon (aujourd'hui rue de Lille), on voit un Hôtel assez vaste avec jardins, désigné seulement par ces mots : *Aydes de Saint-Sulpice.*

Sur la même feuille, rue du Petit-Bourbon, en face de l'Hôtel de ce nom, donnant sur la place de l'Église Saint-Germain-L'Auxerrois, se trouve un bâtiment d'assez belle apparence, ayant deux corps de logis, avec cette désignation : *Grand Conseil.* Enfin, rue Dauphine (feuille V), à droite, en venant du Pont-Neuf, avant d'arriver à la rue d'Anjou, on voit un Hôtel assez grand, à quatre corps de logis placés carrément, avec un cinquième corps plus petit, placé en arrière ; il est nommé *Hôtel de la Curée*[1]. Ni les histoires de la Ville de Paris, ni les descriptions, ni les dictionnaires, ni les guides ne parlent d'aucun de ces endroits.

On trouve dans les divers quartiers de la Ville, mais principalement dans le Faubourg-Saint-Germain, plusieurs maisons désignées sous le nom d'*Académies.* C'est le nom qu'on a donné, pendant les deux derniers siècles, à certains établissements où la jeune noblesse française, et même étrangère, venait apprendre l'escrime, l'équitation et la danse.

Les Académies indiquées sur le plan de Gomboust sont au nombre de six ; plusieurs portent le nom de celui qui les tenait. (Voir à la table, au mot Académie.)

Nous allons maintenant examiner séparément différentes parties du plan.

---

1. On suppose que cet hôtel était celui de Gilbert Filbert de la Curée, un des amis de Henri IV.

I

LES RUES

Le tracé des rues principales est net et d'une grande exactitude ; le soin qu'a pris l'auteur de placer le nom dans le pointillé qui sert à indiquer les maisons ordinaires, facilite les recherches. Il n'a rien omis : les Croix, les Fontaines, les Égouts, les Regards, les Puits communs, tout est figuré. Deux exemples, entre autres, témoignent de l'exactitude minutieuse de Gomboust dans les moindres détails.

Sur la feuille II, rue du Roi-de-Sicile, au coin de la rue des Juifs, on lit Nostre-Dame d'Argent. C'est l'indication d'une statue de la Vierge, en argent, que François Ier vint poser lui-même, en 1528, pour tenir lieu d'une statue de pierre qui se trouvait là, et dont, une nuit, la tête avait été mutilée.

Feuille V, près de la rue Saint-Martin, au coin de la rue Salle-au-Comte et aux Ours, on lit encore : Nostre-Dame de la Carolle. C'est l'indication d'une autre statue de la Vierge, frappée d'un couteau par un soldat désespéré d'avoir perdu au jeu son argent et ses habits.

On sait que la ville de Paris a toujours été placée sous l'invocation de la sainte Vierge ; son Église Cathédrale lui est dédiée, et Philippe-Auguste avait ordonné que toutes les portes de l'enceinte de Paris fussent surmontées d'une statue de la Vierge.

On trouve sur le plan de Gomboust certaines rues qui ne sont pas indiquées ailleurs ; par exemple, feuille V, rue Saint-Germain-l'Auxerrois, faisant face à la petite

3

rue des Fuseaux, la rue Sᴀʀᴛɪɴ-Pᴇ̀ᴛʀᴇ, dont ne parlent ni de Chuyes, ni Jaillot, ni même de la Tynna, ce nomenclateur si exact. Beaucoup des rues sont désignées sous des noms dont l'orthographe a été, de nos jours, singulièrement modifiée, telle que les rues *des Assis,* pour des Arcis; *du Barq,* pour du Bac; *du Battoit,* pour du Battoir; *du Chasse-Midy,* pour du Cherche-Midi; *de la Courderie,* pour de la Corderie; *des Escrivons,* pour des Écrivains; *Garancé,* pour Garancière; *Périgeur,* pour Périgueux; *Pincour,* pour Popincourt; *Poitevinne,* pour des Poitevins; et quelques autres encore.

Feuille VIII, la rue *de l'Université,* qui conduisait alors dans une partie encore inhabitée du Pré-aux-Clercs, porte le nom de : rue *de Sorbonne.*

II

CROIX, FONTAINES, PUITS, ÉGOUTS ET REGARDS

En parlant de l'exactitude avec laquelle était reproduit le tracé des rues principales, nous avons dit que rien n'était omis, pas même les Croix. En effet, elles sont au nombre de Dix-huit, sans y comprendre celles qui se trouvaient dans l'enclos des Communautés religieuses ou des Cimetières. Plusieurs rues, par le nom qu'elles portent, rappellent encore quelques-unes de ces croix qui toutes ont disparu.

Feuille I, il y en a deux : une au chemin de Belleville, près de la Courtille, une autre au milieu du carrefour formé par les rues du Carême-prenant et du Faubourg-du-Temple.

Feuille II, on en voit une, rue Saint-Antoine, en face des Jésuites, entre la fontaine et la barrière des Sergents ;

Feuille III, en haut de la rue Saint-Victor, la Croix de *Clamar*;

Feuille IV, une Croix est placée dans la première partie de la rue du Faubourg-Saint-Denis ; une autre au sommet de la même rue, devant Saint-Lazare ; il y en a une troisième, rue du Faubourg-Saint-Martin, devant l'église Saint-Laurent.

On compte quatre Croix sur la feuille V : à la place de Grève ; devant Saint-Eustache, la Croix du Trahoir ; rue de l'Arbre-Sec et rue des Petits-Champs, au coin de la rue du Bouloy.

Sur la feuille VI, quatre Croix encore : la première est placée sur le mur du couvent des Carmes, au coin des rues Cassette et de Vaugirard ; la seconde devant le portail de l'ancienne église Saint-Sulpice. Les deux autres sont rue du Faubourg-Saint-Jacques et rue des Postes ; l'appareil de l'Estrapade est figuré au milieu de la place de ce nom.

Sur la feuille VIII, une seule Croix est placée au coin des jardins de la Ville-l'Évêque.

Enfin, sur la feuille IX, la Croix peinte en rouge, placée dès le xve siècle au milieu du carrefour qui porte aujourd'hui le nom de *Croix-Rouge*, a déjà disparu ; elle est remplacée par un arbre et un regard.

Les Fontaines indiquées sont au nombre de Vingt-huit (voir la table alphabétique au mot : *Fontaines*).

Quant aux Puits, ils étaient communs entre les habitants des rues au milieu desquelles ils se trouvaient, et ils ont servi plusieurs fois à les désigner : rue *du Puits*, rue *du Puits-de-la-Ville*, rue *du Puits-qui-parle*, etc.

Feuille VI, au milieu du carrefour formé par les rues
Saint-Jean-de-Beauvais, Saint-Jean-de-Latran, Froman-
tel et Chartière, on voit le *Puits-Certain*, ainsi nommé
de Robert Certain, curé de Saint-Hilaire, qui l'avait
établi.

Feuille V, au bout de la rue de la Truanderie, le *Puits
d'Amour* est indiqué.

III

PLACES, HALLES, FOIRES ET MARCHÉS

A l'époque où le plan qui fait l'objet de cette notice
fut dressé, il n'y avait à Paris que deux Places vraiment
dignes de ce nom, c'étaient la Place Royale et la Place
Dauphine. Devant l'Hôtel de Ville et devant le Châtelet,
devant l'entrée du Vieux-Palais, et des portails des églises
principales, telles que : Notre-Dame, Saint-Eustache,
Saint-Gervais, Saint-Germain-l'Auxerrois, se trouvait,
sans nul doute, un espace vide plus ou moins grand,
mais assez irrégulier et nullement en rapport avec l'importance du monument. Ces deux Places et les monuments qui les entourent, sont indiqués avec un soin tout
particulier, principalement la Place Royale. On peut
compter chacune des maisons qui en occupaient les
quatre côtés. Il eût été curieux de connaître le nom de
tous ceux qui les possédaient; quatre seulement sont
indiqués : au midi, les Hôtels de Rohan et de Saint-
Géran; au nord, les Hôtels de Chaulnes et des Hameaux.

Aucun de ces noms ne figure parmi ceux des personnages importants à qui le roi Henri IV céda, au mois d'août 1606, une portion de terrain sur cette place.

Voici les noms des cessionnaires à cette époque :

1ᵉʳ Messire *Pierre Arnault*, Conseiller du Roy et Trésorier de France à Paris.

2ᵉ Noble homme *Jean de Fourcy, Seigneur de Chessy*, Conseiller du Roy, Trésorier Général de France, Intendant des bâtiments du Roy.

3ᵉ *Barthélemy de Laffemas,* dit *Beaussemblant,* Contrôleur général du commerce de France.

4º Noble homme Mᶜ *François Pélisson*, Conseiller du Roy et Contrôleur général du Taillon, à Soissons.

5ᵉ Noble homme Mº *Claude de Chastillon*, Topographe du Roy.

6ᵉ Noble homme Mᶜ *Antoine Ribault, sieur de Bréau et de Forêts*, Conseiller du Roy et Intendant de ses finances.

Mᵉ *Nicolas d'Angennes,* Chevalier des Ordres, Conseiller d'État, Capitaine des Cent Gentilshommes du Roy, *Seigneur de Rambouillet.*

7ᵉ Mᵉ *Nicolas Chevalier, Sieur de Videville,* Conseiller d'État, et Président des enquêtes de la Cour de Parlement.

8ᵉ *Pierre Fougeu,* Écuyer, *Seigneur d'Escures,* Conseiller du Roy.

9ᵉ Mᵉ *Pierre Jeannin*, Conseiller du Roy, en son Conseil d'État et Privé.

10º Mº *Estienne de Laffond,* Intendant des meubles du Roy.

11ᵉ Nobles hommes Mᵉˢ *Isaac Arnault,* Conseiller du Roy, Secrétaire de ses finances et *Hilaire l'Hoste,* Secrétaire du Roy.

12ᵉ Mᵉ *Noël Renouard,* Secrétaire du Roy.

Ces premiers acquéreurs du terrain de la Place Royale appartenaient presque tous à la maison privée de Henri IV.

Quelques années auparavant, en mars 1599, Henri IV avait donné à Sully une autre partie des Tournelles. Sully y fit construire une vaste et belle habitation qui porta longtemps son nom et qui est figurée, avec détails, sur le Plan de Gomboust, feuille V, rue Saint-Antoine.

Le Plan indique, avec un soin tout particulier, les Halles, les Marchés et même les Boucheries dispersées dans les différents quartiers de la ville.

Feuille V, on voit le détail des Grandes Halles, les Places, les bâtiments de toutes formes, les fameux Piliers, le Pilori, la Fontaine et la Croix, rien ne manque.

Feuille VIII, un assemblage de plusieurs bâtiments situé entre les rues du Bac et de Beaune, porte le nom de : *Halle du Pré-aux-Clercs.*

Nous trouvons l'indication de deux Marchés aux chevaux : celui du samedi (feuille VIII) derrière l'Hôtel de Vendôme, sur l'emplacement des Boulevards des Capucines et de la Madeleine; celui du mercredi (feuille III), en haut de la rue Saint-Victor. Dans la partie haute on vendait aussi des porcs. Les champs à découvert et assez vastes de ce double Marché sont remplis par des chevaux, des voitures, des hommes allant et venant de toutes parts, rendus avec beaucoup de finesse.

Les vastes bâtiments de la Foire Saint-Germain sont indiqués, feuilles V et VI, avec une grande précision. Nous avons vainement cherché, sur la feuille I, entre les rues des Faubourgs Saint-Denis et Saint-Martin, la *Foire Saint-Laurent.* Cela tient sans doute à ce que cette foire s'est tenue à ciel découvert, jusqu'en 1662, dans un champ auquel donnait entrée une petite rue qui, sur le plan, porte le nom de : *Ruette Saint-Laurent.* Quant aux Boucheries, elles étaient au nombre de seize.

IV

FAUBOURGS, COURS-LA-REINE, PRÉ-AUX-CLERCS

Les Faubourgs qui environnent Paris, avec les Hôpitaux, les Hospices, les Communautés religieuses, les Jardins et les Marais dont ces vastes espaces étaient remplis, occupent une place importante.

Si le faubourg Saint-Antoine n'a pas été reproduit dans toute son étendue on en voit la raison dans une note sur la feuille I :

Notez qu'on n'a icy représenté que le commencement du fauxbourg Saint-Antoine, parce que pour le mettre tout entier et dans sa grandeur, il eût fallu faire cette carte d'une moitié justement plus haute qu'elle n'est, et les costez fussent demeurés vuides, y ayant autant de distance depuis le bout du fauxbourg jusques au dit commencement que d'iceluy jusques au Pont au Change, qui est de neuf cents toises. Il consiste en trois grandes rues de toute cette longueur, croisées et traversées de plusieurs autres. Dans celle du milieu, qui est la principale, plus large et plus peuplée, il y a une fort grande et ancienne Abbaye de filles, dont tout ce fauxbourg relève, et en a pris le nom. Il y a aussi dans la même rue un séminaire de petits garçons, et dans les autres et aux environs d'iceluy, quantité de couvents, et une Église succursale nommée Sainte-Marguerite, despendante de celle de Saint-Paul, dans la ville, outre un Hospital pour les malades de la pierre.

Gomboust s'est borné à représenter au bas de la feuille VIII, l'entrée et le commencement du *Cours-la-*

Reine, cette promenade si affectionnée de la noblesse, depuis les premières années du xviiᵉ siècle. Afin de réparer cette omission, il a eu soin de placer dans un cadre, à côté de l'entrée du Cours, la note suivante :

Ce cours, que la reine Marie de Médicis fit dresser, planter et fossoyer, a de longueur quinze cent quarante pas communs, et de largeur quarante. Un rond au milieu, de cent pas de diamètre, quatre rangées d'arbres, ormeaux, formant trois allées, dont celle du milieu a vingt pas de largeur et tous les arbres espacez de douze en douze pieds. A chaque bout un portail d'architecture et les portes de fer en balustres.

Le *Pré-aux-Clercs* est indiqué sur la feuille VIII; mais ce terrain, quoique assez vaste encore, est complètement dépouillé d'arbres, on n'y voit plus ces anciens ombrages qui, pendant plusieurs siècles, en avaient fait la promenade favorite des bourgeois de Paris, et surtout de la jeunesse des écoles. Le *petit Pré-aux-Clercs,* compris entre les rues de Seine et des Saints-Pères, est entièrement couvert d'habitations particulières; le *Grand Pré* est bien entamé déjà : les deux côtés de la rue du Bac sont presque tout à fait construits.

V

PORTES ET BARRIÈRES

Les Portes indiquées sur le plan de Gomboust sont au nombre de vingt; les unes étaient situées à l'intérieur de la ville; les autres aux extrémités. La barrière placée rue Saint-Honoré (feuille V), en face des rues du Coq et Croix-des-Petits-Champs, était connue sous le nom de *Barrière des Sergents.*

VI

MONUMENTS RELIGIEUX, ÉGLISES, CHAPELLES, COUVENTS, HÔPITAUX, HOSPICES, CIMETIÈRES

Dans son avis aux lecteurs (feuilles VI et IX), Gomboust dit que les Monuments religieux et civils qu'il a représentés avéc les Enclos et Jardins qui les entourent, sont au nombre de Quatre Cents. Les Collèges comptent dans ce chiffre pour Quarante environ, les Hôtels et les Maisons particulières pour Cent vingt-cinq, ce qui donne un peu plus de Deux Cents Maisons religieuses, qu'elles soient Églises ou Chapelles, Couvents, Hôpitaux ou Hospices. De tous ces Monuments religieux ou civils, plus de Cent cinquante ont été détruits. Ceux qui restent debout ont subi de tels changements, depuis 1652, qu'il est encore très curieux d'en avoir le profil avec la position exacte à cette époque. Pour s'en convaincre il suffit d'un regard jeté sur le Palais et sur le Jardin des Tuileries, ou bien sur ceux de Luxembourg.

Feuille V, vis-à-vis de l'entrée principale du Vieux Palais (où se trouve le Palais de Justice aujourd'hui), on voit toutes ces petites églises qui étaient sans contredit les plus anciennes de Paris : Saint-Barthélemy, *Saint-Pierre-aux-Liens*[1], Saint-Éloy, Saint-Marcel, Saint-Germain-le-Vieil, Saint-Denis-de-la-Chartre et quelques autres. Bien qu'elles soient reproduites dans des proportions très petites, il est facile de juger que toutes ces

1. Gomboust est le seul qui désigne ainsi cette église ; les historiens de Paris la nomment ordinairement *Saint-Pierre-des-Arsis*.

Églises étaient construites dans le style roman primitif, c'est-à-dire du vɪᵉ au ɪxᵉ siècle.

Trois Chapelles ouvertes au public sont parfaitement indiquées, feuille IV : c'est la Chapelle Saint-Joseph, tenant à un Cimetière situé rue Montmartre.

Feuille V, ce sont les Chapelles *de la Reine* et *de Sainte-Marie l'Égyptienne,* la première faisant le coin des rues de Grenelle et Coquillière ; on la nommait ainsi parce qu'elle dépendait de l'Hôtel que la reine Catherine de Médicis avait fait construire, et qui a été connu, en dernier lieu, sous le nom d'Hôtel de Soissons. Quant à la Chapelle Sainte-Marie l'Égyptienne, elle était située au coin de la rue Montmartre et de la rue de la *Jussienne,* nom altéré de cette sainte.

Les Hôpitaux et Hospices de quelque importance sont reproduits, avec les Cours, les Jardins, les Prairies qui en dépendaient.

Feuille I, on voit l'*Hôpital Saint-Louis,* dont l'entrée principale, rue des Récollets, se trouve sur la feuille IV. Cette maison dont les jardins comprenaient une grande partie du faubourg du Temple et la Courtille, est figurée très en détail. Feuille II, c'est l'*Hôpital de la Charité des femmes,* situé rue des Tournelles, derrière la Place Royale, en face le Couvent des Minimes.

Sur la feuille III, la *Charité,* rue de l'Ursine ; l'*Hôpital Scipion,* rue de la Barre, et les *Enfermez,* rue Saint-Victor, vis-à-vis du Labyrinthe du Jardin des Plantes, au même endroit où se trouve aujourd'hui l'Hôpital de la Pitié. La *Léproserie Saint-Lazare,* avec ses bâtiments, ses cours, ses jardins, sa lapinière, et l'immense enclos qui en dépendait, occupe une place notable sur la feuille IV.

Feuille V, l'*Hotel-Dieu,* dans la Cité, semble très circonscrit par les bâtiments nombreux qui l'entourent. Au

bout de la rue de la Tissanderie, un peu avant la porte
Bodoyer, signalons le *Petit Hôpital Saint-Gervais*, qui
se trouvait à gauche de l'église de ce nom. A l'entrée de
la rue de la Mortellerie, presque sur le quai de la Grève,
on voit aussi le *Petit Hospice des Haudriettes*.

Sur la feuille VI, en haut de la rue des Vignes, est
l'*Hôpital de la Santé*, rétabli alors nouvellement par
les soins d'Anne d'Autriche.

Feuille VIII, dans le faubourg Saint-Germain, le *Grand
Hôpital de la Charité* avait son entrée rue des Saints-
Pères, en face de la rue Saint-Guillaume. Les dépendan-
ces en étaient plus étendues que de nos jours.

Sur la feuille IX, quatre établissements de charité :
l'Hospice des *Petites-Maisons*, rue de Sèvres et celui
des *Incurables*, un peu plus haut dans la même rue;
l'*Hôpital des Convalescents*, rue du Bac, et celui des
Teigneux, rue de la Chèze.

Les Cimetières indiqués sur le plan de Gomboust sont
au nombre de vingt-six. (Voir à la table, au mot CIMETIÈRE).
Établis au centre même de la ville, presque tous dépen-
dent d'une église, d'une maison religieuse, d'un hôpital
ou d'un hospice. Remarquons cependant quelques excep-
tions : ainsi le plus vaste et le plus célèbre, le *Grand Cimetière Saint-Innocent*. Il était destiné à recevoir les
morts de vingt églises, principalement des églises de la
Cité et ceux de l'Hôtel-Dieu. Les curiosités de ce Cimetière sont indiquées avec soin (voir feuille V); les Chapelles des Saints-Innocents et d'Orgemont, les Charniers,
plusieurs tombes remarquables.

Signalons encore, sur la feuille VIII, rue des Saints-
Pères, en face de l'Hôpital de la Charité, un peu avant la
rue Saint-Guillaume, un espace assez vaste, clos de murs
dans lequel on lit : *Cimetière des prétendus Réformez*.

Ce cimetière des protestants avait été sans doute établi dans cette partie de l'ancien Pré-aux-Clercs, depuis 1572, peut-être même à l'occasion du massacre de la Saint-Barthélemy, dont un des plus sanglants épisodes eut lieu dans cet endroit.

VII

MONUMENTS CIVILS, COLLÈGES, HOTELS, MAISONS REMARQUABLES ET PALAIS.

Les collèges, déjà nombreux en 1647, sont indiqués avec soin sur le Plan. On en compte Cinquante-trois[1]. A l'exception d'un des deux collèges des *Bons-Enfants*, qui se trouvait dans la rue de ce nom, en face des écuries du Palais-Royal (feuille V), tous ces collèges étaient placés dans l'enceinte de l'Université, dont il est facile de suivre la trace. Cette partie du travail de Gomboust mérite d'autant plus d'être signalée que, dans l'Icono-graphie parisienne, les planches qui représentent des collèges sont en très petit nombre.

1. Voici les noms des collèges dont la situation est indiquée à la table alphabétique du Plan : Collèges d'Arras, d'Authun, de l'Ave-Maria, de Bavière, de Bayeux, de Beauvais, de Boncours, des Bons-Enfants, de Bourgogne, de Chirurgie, de Clermont, Cluny, Collège Royal, de Cornuaille, Dainville, de Droit-Canon, des Escossois, des Fortray, de Grammont, des Grassins, d'Harcourt, de Justice, de Laon, du cardinal Le Moyne, de Lisieux, des Lombards, de Maistre Gervais, de la Marche, du Mans, de la Mercy, de Marmoutiers, de Médecine, Mignon, de Montaigu, de Narbonne, de Navarre, de Normandie, de Picardie, de Rheims, de Richelieu, la Sorbonne, de Seés, du Plessis, de Saint-Symphorien, Sainte-Barbe, des Trésoriers, de Tournay, de Saint-Michel, de Presles, de Tours, de Prémontré.

Les Palais, les Hôtels et les Maisons remarquables, occupent une place considérable. Quelques-unes de ces habitations ont donné lieu à plusieurs monographies intéressantes, notamment les hôtels de *Carnavalet*, de *la Trémouille*, des *Premiers Présidents, de Lassay, de Mazarin*.

On compte environ cent vingt-quatre Hôtels[1].

La majeure partie de ces habitations est connue et citée par les historiens de la ville de Paris, cependant plusieurs ont échappé aux recherches : le plan de Gomboust est le seul qui les indique[2].

1. Voici le nom de chacun de ces Hôtels, dont la situation est indiquée à la table alphabétique : les hôtels des Ambassadeurs extraordinaires, d'Angoulême, d'Astry, d'Aubray, d'Aumont, de Bailleul, de La Basinière, Beautru, de Belièvre, Bordier, Boucot, de Bouillon, du Petit-Bourbon, de Bourdeaux, de Bourgogne, Bretonvilliers, de Brienne, Carnavalet, de Caumartin, de La Charité, Saint-Denis, Charron, Chasteau-Neuf, de Chaulnes, de Chavigny, de Chevreuse, de Choisy, de Clèves, de Cluny, de Condé, de Créqui, de la Curée, Dau, Denison, Desdiguières, d'Effiat, d'Espernon, Esselin, d'Estrée, Falconis, de Fontenay-Mareuil, de La Force, Fouquet, Gallard, Gervais, Girard, de Guénégaud, de Guise, du Hallier, des Hameaux, d'Hémery, d'Hervolt, de l'Hospital, Jamin, Lambert, Le Cocq, Le Cogneux, Le Fèvre, Le Tellier, Le Vasseur, Le Vieulx, de Liancourt, de Longueville, de Longueil, de Lorraine, de Lude, de Luines, de Lyon, du Maine, de Mauroy, Meillant, Mélusine, de Mesme, de Monchenay, de Montmor, de Montmorency, de Nemours, de Nesmond, de Nicolaï, de Novion, des Noyers, d'O, Petit, Piètre, de Pisieux, de Rambouillet, Régnard, de Retz, de Richelieu, de La Rocheguyon, de Rohan, de Rostang, de Royaumont, Saint-Chamond, Saint-Denis, du Saint-Esprit, Saint-Ferron, de Saint-Géran, de Schomberg, Séguier, de Senectère, de Sens, de la Serpente, Sintot, de Soissons, de Sourdy, de Souvray, de Sully, Tambonneau, Tevenin, Tidoux, de Tresmes, Tubœuf, des Ursins, de Vendosme, Varin, de Venise, de La Vieuville, Vildeau, de Villequier, de Villeroy, de Vitry, de La Vrillière.

2. Voici les principaux : hôtels d'Aubray, de Belièvre, de Bourdeaux, de la Curée, Charron, Caumartin, Falconis, du Hallier,

L'ancien *Hôtel de Luines* (*sic*), situé sur le quai des Augustins (feuille V), porte aussi sur une de ses faces l'indication suivante : *H. Dau.* Cet hôtel qui, du XIIIe au XIVe siècle, appartenait aux Évêques de Chartres, ensuite au Connétable de Sancerre, devint, en 1397, la propriété de Guérard d'Athies, Archevêque de Besançon. Un Maître des requêtes, nommé *Dauvet* en était propriétaire, quand François Ier l'acheta et le fit reconstruire pour y loger sa maîtresse, Anne de Pisseleu, duchesse d'Étampes. Au commencement du XVIIe siècle, cet hôtel appartenait à Pierre Séguier, troisième du nom, Conseiller au Parlement, Seigneur de Sorel et comte d'O, qui mourut en 1638. Sa fille, Louise-Marie, épousa, en 1641, Charles d'Albert, duc de Luynes et de Chevreuse, fils du fameux Connétable favori de Louis XIII.

Le vieux Manoir des Sancerre, du Maître des Requêtes et de la Duchesse d'Étampes, prit le nom d'*Hôtel de Luines ;* mais la partie située sur la rue Gille-Cœur retint le nom d'hôtel d'O, que Gomboust a mal écrit *H. Dau.*

Les Historiens de la ville de Paris ont aussi parlé de l'Hôtel de Nevers, dont le Secrétaire d'État Guénégaud fit l'acquisition et qu'il restaura pour l'habiter. Gomboust, sur la feuille V, reproduit avec détails cette somptueuse habitation. La principale entrée, située sur une petite place, était vis-à-vis la porte de Nesle. Il indique de plus, (feuille II), rue des Francs-Bourgeois et rue Saint-Louis, deux maisons d'assez belle apparence qui portent le nom de *Guénégaud.* Sur cette même feuille, rue de la Cerisaye, l'*hôtel Lesdiguières,* construit à la fin du XVIe siècle, par Sébastien Zamet, est désigné sous le nom d'*Hô-*

---

des Hameaux, Le Cocq, Le Vasseur, Le Vieux, de Lyon, Le Fèvre, Meillant, Montchenay, Pisieux, Petit, la Serpente, du Saint-Esprit, Saint-Ferron, Tevenin, Tidoux, Varin.

tel Desdiguières. Enfin, rue Saint-André-des-Arts, près la porte de Bussy (feuille V), on voit le double bâtiment de l'*Hôtel de Lyon :* celui qui donnait sur la rue avait été construit par Jean Grolier, Trésorier des finances, ambassadeur de François Ier à Rome, et le plus fervent des bibliophiles de son temps.

Les Palais sont au nombre de six : le *Vieux Palais*, dans la Cité, aujourd'hui Palais de Justice; le *Louvre*, les *Tuileries*, le Luxembourg ou *Palais d'Orléans;* le *Temple*, le *Palais-Royal*, le *Palais Mazarin.* Chacun de ces monuments est représenté avec des proportions qui permettent d'en étudier toutes les parties.

Le vieux Palais avec la place Dauphine et le Pont-Neuf, occupe le centre de la Feuille V. Au milieu de la Cour d'honneur, on voit la Sainte-Chapelle.

Quant au Louvre et aux Tuileries, ces deux Palais étaient séparés l'un de l'autre par plusieurs rues, par de grandes habitations particulières et des jardins. Cependant les plus belles parties de l'ensemble étaient déjà construites : ainsi le Vieux Louvre, la Grande Galerie du bord de l'eau, la Petite Galerie transversale, figurent sur le plan de Gomboust, et, dans les Tuileries, les trois Pavillons du centre. Sur la partie la plus ancienne du Palais des Tuileries, construite par Philibert Delorme, on lit ces mots : *Logement de Mademoiselle.* En effet, Louise d'Orléans, Duchesse de Montpensier, connue dans l'histoire sous le nom de *la Grande Mademoiselle,* y habita jusqu'au milieu de l'année 1652.

Sur la feuille VIII se développe dans toute son étendue le Jardin des Tuileries, tel qu'il était avant que Le Nôtre en eût complètement changé l'aspect et les dispositions en 1664; on y voit l'emplacement de la Volière, du Jardin de Regnard, de la Garenne, etc., décrits avec tant de soin par Sauval. On voit aussi dans le milieu un bassin assez grand, de forme carrée, alimenté par un jet d'eau, dans lequel on aperçoit plusieurs canards.

De l'autre côté du Palais des Tuileries, un jardin, assez vaste, porte le nom de *Parterre de Mademoiselle*.

Le Palais d'Orléans, le Jardin de Luxembourg, le Couvent des Chartreux et le vaste Enclos qui l'environne occupent un grand espace compris dans la feuille VI. On peut très bien juger surtout de la disposition du Jardin de Luxembourg. La vue d'ensemble du Couvent des Chartreux est très intéressante ; chaque cellule, avec le petit jardin qui en dépendait, est représentée avec le plus grand soin. On peut en dire autant des bâtiments du Cloître, du Cimetière, du Verger, du Labyrinthe et d'une prairie dans laquelle était un Moulin à vent.

Avant de terminer ce rapide examen du Plan de Gomboust, nous recommandons à l'attention ces petites Vues des Maisons royales et particulières des environs de Paris, placées au bas du Plan. Sans parler des habitations détruites, telles que *Monceaux*, *Madrid*, nous signalerons la vue de Versailles antérieur à Louis XIV, et surtout celle du double Château de Saint-Germain, avec ses six Terrasses en amphithéâtre.

Les documents qui ont été utilisés pour cette NOTICE DESCRIPTIVE, ont été puisés dans les historiens et les historiographes les plus autorisés de la ville de Paris : Piganiol de La Force, Jaillot, Henry Sauval, de Chvyes, Germain Brice, Bonnardot, Le Roux de Lincy, etc.

AVIS AU LECTEUR

La table ci-après classe par ordre alphabétique le nom des rues et des monuments civils et religieux; quant aux barrières, *aux* boucheries, *aux* cimetières, *aux* fontaines, *aux* marchés, *aux* places, *aux* ponts, *aux* portes, *ils ont été réunis sous leur nom générique. Ainsi, au mot* SAINT, *on trouve toutes les églises ou chapelles, toutes les maisons religieuses, tous les monuments, toutes les rues placées sous l'invocation des Saints. Au nom des rues les tenants et aboutissants ont été ajoutés afin de faciliter les recherches. Les chiffres romains se rapportent aux neuf Feuilles de l'ensemble du plan.*

On remarquera que les noms d'un grand nombre de rues et de quelques monuments, édifices et hôtels célèbres, présentent çà et là une orthographe différente de celle qu'ils portent aujourd'hui. Les mêmes noms portent quelquefois une orthographe différente. Ainsi Bac est écrit tantôt Bac, *tantôt* Barq; *Dauphin, tantôt* Dauphin, *tantôt* Daufin. *On trouve du reste de ces variantes dans les auteurs du temps.*

TABLE

DU

PLAN DE GOMBOUST

A

ANGOULMOIS (rue de l'), r. de Bourgoigne. I.

ANGLOIS (rue des), r. des Noyers, r. Galande. V.

ANJOU (quay d'). Voyez Alençon (quay d'). II.

ANJOU (rue d'), vieille rue du Temple, rue du Grand Chantier. I, II. — (rue d'), rue Dauphine, hostel de Guénégaud. V. — (rue d'), r. de l'Arbre-Sec. V.

ANNONCIADE (Filles de l'), ou Bleue, rue de la Cousture Sainte-Catherine, r. Payenne. II.

ARRAS (Collège d'), r. d'Arras. VI.

ARRAS (rue d'), r. Traversière, rue Saint-Victor. VI.

ARBALESTE (rue de l'), r. Mouftar, r. des Charbonniers. III, VI.

ARBRE-SEC (rue de l'), place de l'Escolle, r. Saint-Honoré. V.

ARCHE-BOURBON (rue de l'), en face la rue du Petit-Bourbon. V.

ARCHE-MARION (rue de l'), quay de la Mégisserie, r. Saint-Germain de l'Auxerrois. V.

ARCHEVESCHÉ (palais de l'), *derrière l'Église Nostre-Dame.* V.

ARCUEIL, aqueduc. IX.

ARSENAL (l'), quay Saint-Paul. II.

ARSENAL (petit), à la Bastille. II.

ARSENAL DE LA VILLE, r. du Parc-Royal. II.

ARGENTEUIL (rue d'), rue des Moyneaux. VIII.

ASNIER (rue l'), quay de la Grève, r. Saint-Anthoine. II.

ASSIS (rue des), r. de la Vannerie, r. des Lombards. V.

ASSOMPTION (religieuses de l'), r. Neuve-Saint-Honoré. VIII.

ASTRY (maison de M. d'), quay Daufin (île Saint-Louis). II.

AUBRAY (maison de M. d'), r. du Bouloy. V.

AUBRY-LE-BOUCHER (rue), r. Saint-Martin, r. Saint-Denis. V.

AUGUSTINS (les), couvent, quay des Augustins. V.

AUGUSTINS REFORMEZ (les), *couvent*, r. des Petits-Augustins. V. VIII.

AUGUSTINS DESCHAUSSEZ (couvent des PETITS), ou les PETITS PÈRES, r. Notre-Dame des Victoires. IV.

AUGUSTINS (quay des), pont Saint-Michel, r. Dauphine, V.

AUGUSTINS (rue des), r. Saint-André-des-Arts, quay des Augustins. V.

AUGUSTINS (rue des PETITS), r. du Colombier, quay Malaquais. V.

AUGUSTINS (rue des VIEUX), r. Coquillière, r. Montmartre. V.

AUMONT (hostel d'), r. des Poulies. V.

AUTHUN (collège d'), r. Saint-André-des-Arts et rue de l'Hirondelle. V.

AVE MARIA (les Filles de l'), rues du Fauconnier, des Barrières, des Prestres. II.

Ave Maria (collège de l'), r. de la Montaigne Sainte-Genefviève. VI.

Avignon (rue d'), r. de la Savonnerie, r. Saint-Denis. V.

Aydes de Saint-Sulpice, rue de Verneuil et rue de Bourbon. VIII.

Aydes (bureau des), r. des Barres. V.

B

Baillet (rue du), r. de la Monoye, r. de l'Arbre-Sec. V.

Bailleul (maison de M. de), r. du Grand-Chantier. V.

Bailleul (rue de), r. de l'Arbre-Sec, r. des Poulies. V.

Ballets (rue des), r. Saint-Anthoine, r. du roi de Cicile. II.

Barbette (rue), r. des Trois Pavillons, vieille rue du Temple. II.

Baro (rue du), r. de Sève (*sic*), quay Malaquais. VIII. IX. Voy. Petite.

Barentin (rue de), r. de la Tisseranderie. Jardins. V.

Barfours (ruelle), r. Saint-Denis. IV.

Barillerie (rue de la), quay du Grand-Cours d'Eau, Marché-Neuf. V.

Barnabites (les), *Monastère*, près Saint-Eloy. V.

Barre (rue de la), r. des Francs-Bourgeois, r. du Feramoulin. III.

Barre-du-Bec (rue), r. de la Verrerie, r. Sainte-Croix-de-la-Bretonnerie. V.

Barres (rues des), r. de la Mortellerie, porte Bodoyer. V.

Barrière, Petit Chastelet. V. — Place Maubert, V. — Pont-Saint-Michel. V. —Porte Bodoyer. — r. Saint-Victor. III. — r. de la Fromagerie. V. — r. Saint-Anthoine en face Sainte-Catherine-du-Val des Escholiers. II. — r. Saint-Honoré, entre les rues du Coq et Croix des Petits-Champs. V. — r. Sainte-Marguerite. V. — r. Saint-Martin, au coin de la rue Greneta. IV.

Barrières (rue des), r. Saint-Paul, r. du Fauconnier. II.

Bastille (la), rue Saint-Anthoine. II.

Battoit (*sic*) (rue du), (ou du Battoir), r. des Coupeaux, rue Nostre-Dame. III.

Batoit (rue du), r. Hautefeuille, r. de l'Esperon. V.

Bavière (collège de), r. Bourdel. VI.

Bayeux (collège de), r. de la Harpe. VI.

Bazinière (maison de M. de la), r. des Petits-Champs. V.

Beaubourg (rue), r. Simon-le-Franc, r. Michel-le-Comte. V.

Beaujolais (rue), r. de Bourgoigne, I.

Beaune (rue de), r. de Sorbonne, quay Malaquais. VIII.

Beauregard (rue), r. de la Poissonnerie, Porte Saint-Denis, IV.

Beaurepaire (rue), r. des Deux-Portes, r. Montorgeuil (*sic*). IV.

Beausse (rue de), r. d'Anjou, r. de Bourgoigne, I.

Beautreillis (rue), r. des Lyons Saint-Paul, r. Saint-Anthoine, II.

Beautru (maison de M. de), près la rue Neuve des Petits-Champs. VIII.

Beauvais (collège de), r. Saint-Jean de Beauvais. V.

Beauvais (rue de), r. du Coq, r. Frementeau. V.

Belle-Chasse, r. Saint-Dominique. VIII.

Belleville (chemin de), fauxbourg du Temple. I.

Belièvre (maison de M. de), r. des Bourdonnais et r. de Bétisy. V.

Bernardins (les), *couvent*, r. des Bernardins. V.

Bernardins (rue des), r. Saint-Victor, quay de la Tournelle. V.

Bernardines-de-Sainte-Cécile, *communauté*, r. du Pot-de-Fer et r. Mézière. VI.

Berry (rue de), r. d'Anjou, r. de Bourgoigne. I.

Berthaud (rue), r. Beaubourg. — Jardins. V.

Bestes Féroces (les), aux Thuilleries. VIII.

Bétisy (rue de), r. des Bourdonnois, r. de l'Arbre-Sec. V.

Bibliothèque du Roy, r. de la Harpe. VI.

Bièvre (rue de), r. Mouftar, r. des Gobelins. III, r. Saint-Victor, quay de la Tournelle. V.

Billettes (les), *couvent des Carmes*, r. des Billettes. V.

Billettes (rue des), r. de la Verrerie, rue Sainte-Croix de la Bretonnerie. V.

Bisestre (le château de). IX.

Blancs-Manteaux (les), *couvent*, r. des Blancs-Manteaux. V.

Blancs-Manteaux (rue des), vieille r. du Temple, r. Sainte-Avoye. II, V.

Bœuf (rue du), r. Saint-Médéric (Jardins). V.

Bœufs (la Cour aux), r. des Sept Voyes. VI.

Bois flotté (chantiers de), à la Raquette. II.

Bois-le-Vicomte (le chasteau de). VII.

Bonne-Nouvelle (église Notre-Dame), r. Beauregard. IV.

Bon-Puits (rue du), r. Traversière, r. Saint-Victor. VI.

Boncours (collège de), r. Bourdel. VI.

Bons-Enfants (collège des), r.

Saint-Victor. II. r. des Bons-Enfants. V.

Bons-Enfants (rue des), r. Saint-Honoré, r. des Petits-Champs, V. du Grand Chantier, r. du Temple. I, IV.

Bons-Enfants (rue Neuve des), r. Petit Reposoir. V.

Bordier (M.). Voy. Rincy (le). IX.

Bordier (maison de M.), r. du Parc Royal. Voy. Rincy (le). IX.

Boucherie Grand Chastelet. V. — Marché au cimetière Saint-Jean. V. — Marché Neuf. V. — Petit Chastelet. V. — Porte Saint-Martin. IV. — r. Montmartre, en face de la r. Neuve Saint-Eustache. IV.— r. Montorgeuil, près la r. de Cléry. IV.— r. Neuve Saint-Honoré. VIII. — r. Sainte-Marguerite. V. — r. Saint-Martin, près celle des Lombards. V. — r. de Beauvais en face des piliers des Halles, r. de la Tonnellerie. V. — r. Mouftar. III.

Boucherie (rue de la), r. de Richelieu, r. Neuve Saint-Honoré. VIII.

Boucheries (rue des), porte Saint-Germain, r. de Bussy. V.

Bouclerie (rue de la), r. Saint-Séverin, place du Pont Saint-Michel. V.

Boucot (maison de M.), r. de la Coustellerie. V.

Bouillon (hostel de), r. Neuve des Bons-Enfants. V.

Boulangers (rue des), r. Saint-Victor, r. des Fossez. III.

Bouloy (rue du), r. Coquillière, r. des Petits-Champs. V.

Bourbe (rue de la), fauxbourg Saint-Jacques et r. d'Enfer. VI.

Bourbon (hôtel du Petit). III. — Lettre N du plan de la galerie du Louvre. V.

Bourbon (quay de), rue des Deux-Ponts, r. Saint-Louys (île Saint-Louis), II, V.

Bourbon (rue de), r. des Saints-Pères, r. du Barq, VIII. — porte Saint-Denis, r. Montorgeuil. IV.

Bourbon (rue du Petit), r. de Bussy au Jeu de Longue-Paulme, V. — Quay de l'Escolle, r. du Louvre, V. — r. de Tournon, r. Garancé. VI.

Bourdeaux (maison de M. de), r. Barbette des Francs-Bourgeois. II.

Bourdel (rue), porte Saint-Marceau, r. de la Montaigne Sainte-Genefviève. VI.

Bourdonnois (rue des), r. de Betisy, r. de la Chaussetterie. V.

Bourg-l'Abbé (rue), r. aux Ours, r. Greneta. IV, V.

Bourg de Brie (rue), r. du Foin, r. de la Parcheminerie. V.

Bourgogne (collège de), r. des Cordelires (sic). V.

Bourgoigne (rue de), r. de Xaintonge, r. de Beausse. I.

Bourgogne (hostel de), r. Mauconseil. V.

Bourguignons (rue des), r. de l'Orsine, r. des Charbonniers, III, VI.

Bourtibourg (rue), r. de la Verrerie, r. de Sainte-Croix de la Bretonnerie. V.

Bout-du-Monde (rue), r. Montorgeuil, r. Montmartre. IV.

Brac (rue de), r. du Chaulme. r. Sainte-Avoye. V.

Brac (rue du Petit), V. r. Neufve Saint-Lambert, r. de Tournon. VI.

Braserie (cul-de-sac de la), r. Traversière-Richelieu. VIII.

Bretaigne (rue de), vieille rue du Temple, r. de Xaintonge. I.

Bretonnerie (rue de la), r. Saint-Jacques. VI.

Bretonvilliers (maison de M.), r. Bretonvillier (île Saint-Louys) et quay Daufin. II.

Bretonvillier (rue), quay Daufin, r. Saint-Louys. II.

Brienne (hostel de), quay Malaquais. V.

Brisemiche (rue), cloistre Saint-Médéric, r. Saint-Médéric. V.

Bucherie (rue de la), place Maubert, r. Saint-Jacques. V.

Bureau de l'Escritoire, r. des Assis. V.

Bureau des Drappiers, r. des Déchargeurs et r. de la Limace. V.

Bureau des Pauvres, Parvis Nostre-Dame. V.

Bury-Rostaing (le chasteau de), appartenant à M. de Rostaing. VIII.

Bussy (rue de), r. Neuve des Fossez, r. des Boucheries. V. Voy. Porte.

Butte [des Moulins] (la), r. des Moulins. VIII.

C

Calandre (rue), r. de la Juifverie, rue de la Barillerie. V.

Calvaire (le), r. de Vaugirard. VI.

Calvaire (les Filles du), couvent, r. Saint-Louys. I.

Cambray (collège de), r. Saint-Jean de Latran. VI.

Canettes (r. des), r. des Prestres, r. du Four. VI. — R. Saint-Christophle, r. de la Licorne. V.

Canivet (rue du), r. des Fossoyeurs, r. Férou. VI.

Capettes. Voy. Montaigu (collège de). VI.

Capucins (les), couvent, r. d'Orléans. II. — Couvent, fauxbourg Saint-Jacques-du-Haut-Pas. VI. Couvent, r. Neuve-Saint-Honoré. VIII.

Capucines (les), rue Neuve-Saint-Honoré, VIII.

Caresme-Prenant (rue de), fauxbourg du Temple, fauxbourg Saint-Martin. I. IV.

Carmélites (les), monastère de femmes, r. Chappon, IV. —

Fauxbourg Saint-Jacques et r. d'Enfer. VI.

CARMES (rue des), r. Fromentel, r. des Noyers. V, VI.

CARMES-DESCHAUSSEZ (les), *couvent*, r. de Vaugirard et rue Cassette. VI.

CARNAVALET (hostel de), r. de la Cousture Sainte-Catherine et r. Payenne. II,

CARPENTIER (rue), r. du Gindre, r. Cassette. VI.

CASSETTE (rue), r. de Vaugirard, r. du Vieil-Coulombier. VI.

CAUMARTIN (maison de M. de), r. Saint-Louys. II.

CÉLESTINS (les), *couvent*. Rue du Petit-Musc. II.

CENSÉE (rue), r. Saint-Anthoine. II.

CÉRIZAY (rue), r. du Petit-Musc, Petit Arsenal. II.

CHAMPFLEURY (rue), r. de Beauvais, r. Saint-Honoré. V.

CHAMPS (rue des PETITS), r. Saint-Honoré, r. Neuve des Petits-Champs. V.

CHAMPS (rue Neuve des PETITS), r. Neuve des Bons-Enfants, r. des Petits-Champs. V.

CHANTRE (rue du), r. de Beauvais, r. Saint-Honoré. V.

CHANTILLY (le chasteau de). VII.

CHANVERRERIE (rue de la), r. Saint-Denis, r. de Mondétour. V.

CHANTIER de Bois flotté, près la Grenouillière. VIII.

CHAPELLE, r. du Petit-Bourbon. V. — Aux Orphèvres, r. des

Deux-Portes. V. — De la Reine, r. Coquillière et de Grenelle. V.

CHAPPON (rue), r. du Temple, r. Saint-Martin. IV.

CHARBONNIERS (rue des), r. des Bourguignons, r. de l'Arbaleste. VI.

CHARENTON (rue de), à la Bastille. II.

CHARITÉ (l'hospital de la), r. des Saints-Pères et r. du Coulombier. VIII. — Des femmes, r. des Tournelles et r. du Foin. II. *Hôpital*, r. de L'Urcine. III.

CHARITEZ-SAINT-DENIS (hostel des), r. des Augustins. V.

CHARRON (maison de M.), quay de Bourbon. II.

CHARTIÈRE (rue), r. de Rheims, r. Fromentel. VI.

CHARTREUX (les), *couvent*, VI.

CHARTREUX (enclos des). VI.

CHASSEMIDY (rue de), r. de Sève (*sic*). IX.

CHASTEAU-GAILLARD (le), quay de Nevers. V.

CHASTEAUNEUF (maison de M. de), r. Plastrière et rue Coquillière. V.

CHASTELET (le Grand). V.

CHAT-BLANC (rue du), r. Saint-Jacques de la Boucherie. V.

CHAT QUI PÊCHE (rue du), r. de la Huchette. V.

CHATS (place aux), r. de la Chaussetterie, r. de la Lingerie. V.

CHAULME (rue du), r. des Blancs-Manteaux, r. des Vieilles-Haudriettes. V.

6

CHAULNES (hostel de), r. des Esgouts et Place Royale. II.

CHAUSSÉE fauxbourg Saint-Denis. IV.

CHAUSSETTERIE (rue de la), r. des Déchargeurs, r. de la Tonnellerie. V.

CHAVIGNY (hostel de), r. des Ballets, r. Pavée, r. de la Cousture Sainte-Catherine. II.

CHAVIGNY (M. de). Voyez: PONT-les-Caves.

CHEF-SAINT-LANDRY (rue du), r. des Marmouzets, r. d'Enfer. V.

CHEVAL DE BRONZE (le), sur le Pont-Neuf. V.

CHEVAL VERD (rue du), r. des Postes, r. des Fossez Sainte-Genefviève. VI.

CHEVALIER DU GUET (place du), r. du Chevalier du Guet. V.

CHEVALIER DU GUET (rue du), r. Saint-Denis, r. des Lavandières. V.

CHEVALIER-HONORÉ (rue du), r. Pot-de-Fer, r. Cassette. VI,

CHEVREUSE (hostel de), r. Saint-Thomas du Louvre. VIII.

CHEVREUSE (M. de). Voy. DAMPIERRE.

CHÉZE (rue de la), r. de Sève, r. de Grenelle. XI.

CHIRURGIE (collège de), r. des Cordelires (*sic*). V.

CHOISY (maison de M. de), r. du Petit-Bourbon. V.

CHRISTINE (rue), r. des Augustins, r. Dauphine. V.

CIMETIÈRE, à l'hôpital Saint-Louis. I. — à l'Église Saint-Paul, r. Saint-Paul. — Saint-Nicolas, r. Chappon, r. de la Trinité, r. Greneta. — à la chapelle Saint-Joseph, r. Montmartre, — à l'*Église* Saint-Sauveur, — à l'*Eglise* Saint-Laurent, r. Saint-Martin, — à la chapelle Bonne-Nouvelle, r. Beauregard. IV.

CIMETIÈRE (grand) Saint-Innocent, r. Saint-Denis — Saint-Jean *derrière l'Hôtel de Ville* ; — Saint-André, r. du cimetière Saint-André ; Saint-Severin, r. de la Parcheminerie ; — cimetière du marché Saint-Jean et vis-à-vis le cimetière Vert, au haut de la rue de la Verrerie. V. — à Saint-Étienne-du-Mont en face de l'abbaye de Sainte-Geneviève ; — Saint-Benoist, derrière le Collège de Cambray, r. du cimetière Saint-Benoist ; — à Saint-Sulpice, derrière l'Église, r. Garancé ; r. Saint-Magloire derrière l'Église ; r. du Faubourg Saint-Jacques ; — aux Chartreux dans la grande cour ; — aux Capucins derrière l'Église. VI. — à Saint-Roch, derrière l'Église, r. Saint-Roch ; — aux Quinze-Vingts, derrière le jardin de l'hôtel de Rambouillet ; — à l'Église des Capucins, r. Saint-Honoré ; — aux Prétendus Réformez, r. des Saints-Pères, en face de la Charité. VIII. à l'hospice des Petites Maisons, — à l'hospice des Incurables. IX.

Coquilière (rue), r. du Four, r. des Petits-Champs. V.

Cordeliers (les), *couvent*, r. des Cordelires (*sic*). V.

Cordelières (les), *monastère de femmes*, r. de l'Ursine. III.

Cordelires [*sic*] (rue des), r. de la Harpe, porte Saint-Germain. V.

Corderie (rue de la), r. de Beausse, r. du Temple. I. IV.

Corderie (cul-de-sac de la), r. Montorgeuil. IV.

Cordiers (rue des), r. Saint-Jacques. VI.

Cordonnerie (rue de la), r. de la Tonnellerie, carreau des Halles. V.

Cordonnerie (rue de la Vieille), r. de la Vieille-Harangerie, r. des Déchargeurs. V.

Corne (rue de la), r. des Vignes, r. des Postes. VI.

Corne (rue de la petite), r. du Vieil Coulombier, r. du Four. VI.

Cornuaille (collège de), r. du Plastre [Saint-Jacques]. V.

Corps-de-Garde, Palais-Royal. V. VIII.

Cossonnerie (rue de la), r. Saint-Denis, marché aux Poirées. V.

Coulombier (le), r. du Vieil-Coulombier. IX.

Coulombier (rue du), r. de Seine, r. des Saints-Pères. V. VIII.

Coulombier (rue du vieil), r. des Canettes, la Croix-Rouge. VI. IX.

Coupeaux (rue des), r. Moufetar, r. Saint-Victor. III.

Cour-aux-Bœufs (la), r. des Sept-Voyes. VI.

Courderi *(sic),* au Palais-Royal sur la rue Saint-Honoré. V.

Cour du Palais. Voy. Palais. V.

Cour-des-Morts (rue de la), r. Beaubourg, r. Saint Martin. V.

Courances (le chasteau de), appartenant à M. Gallard. I. IX.

Couroyerie (rue de la), r. Beaubourg, r. Saint-Martin. V.

Cours de la Reine. Voyez Reine. VIII.

Courtauvillain (rue), r. du Temple, r. Trousse-Nonain, V.

Courtille (la), faux-bourg du Temple. I.

Coustellerie (rue de la), r. Jean de l'Espine, r. de la Vannerie. V.

Cousture Sainte-Catherine (rue de la), r. Saint-Antoine, r. du Parc Royal. II.

Coustures Saint-Gervais (rue des), r. de Thourigny, Vieille r. du Temple. II.

Créqui (hostel de), r. du Louvre. V.

Croissant (rue du), r. du Sentier, r. Montmartre. IV.

Croix (rue de la), r. des Fontaines, r. Notre-Dame-de-Nazareth. IV.

Croix (la), des Petits-Champs rue des Petits-Champs. V.

Croix-Blanche (rue de la), vieille r. du Temple, r. Bourtibourg. II, V.

Croix-Rouge (la). IX.

Crucifix (rue du), r. Saint-Jacques-de-la-Boucherie, r. des Escrivains. V.

Cuilier (rue de la), r. Montorgueil. V.

Cul-de-Sac, r. des Orties. VIII.

Cul-de-Sac, près de la porte Saint-Honoré. VIII.

Curée (hostel de la), r. Dauphine. V.

D

Daiville (collège), r. Pierre Sarrazin et r. des Cordelires (*sic*). V.

Dampierre (le chasteau de), appartenant à M. de Chevreuse. VIJ.

Dau (hostel), quay des Augustins. Voyez Luines (hostel de). V.

Daufin (quay), r. Saint-Louys, pont de la Tournelle. II.

Dauphine (rue), porte Dauphine, quay des Augustins. V.

Demi-Sainct (rue du), cloistre de Saint-Germain-l'Auxerrois, r. des Fossez Saint-Germain. V.

Denison (maison de M.), r. de la Verrerie. V.

Delcarcuissons (rue), Marché neuf r. Calandre. V.

Deschargeurs (rue des), r. des Mauvaises Paroles, r. de la Ferronnerie. V.

Desdiguières (hostel), ou de Lesdiguières, r. Cerisay. II.

Deux-Boules (rue des), r. des Lavandières, r. des Bourdonnois. V.

Deux-Portes (rue des), r. Saint-Martin, r. Saint-Denis. IV. — r. du Petit Lion, r. Saint-Sauveur. IV, V. — r. de la Tissanderie, r. de la Verrerie. V. — R. Saint-Germain de l'Auxerrois, r. Jean L'Entier. V. — R. de la Harpe, r. Hautefeuille. V.

Dix-Vertus (les), rue de Sève (*sic*). IX.

Doctrine Chrétienne (pères de la), r. des Fossez [Saint-Victor]. III.

Douane (la), r. des Bourdonnois. V.

Douze-Portes (rue des), r. Saint-Pierre, r. Saint-Louys. II.

Doyenné (rue du), r. Saint-Thomas du Louvre, r. Matignon. VIII.

Droit-Canon (collège de), r. Saint Jean de Beauvais. VI.

Du Plessis (collège), r. Saint-Jacques. VI.

E

Effiat (hostel d'), vieille r. du Temple. II

Enfants Rouges (les), r. des Bons Enfants. I, IV.

Enfants (pré des), près les Gobelins. III.

Enfer (rue d'), r. des Francs-Bourgeois, r. de la Muette. III. — Cloistre de Nostre-Dame, r. du Chef Saint-Landry. V. — Grand réservoir des eaux d'Arcueil, porte Saint-Michel. VI.

Enfermez (les), *hôpital*, r. Saint-Victor. III.

Eschelle du Temple (l'), r. des Vieilles Audriettes. V.

Eschaudé (l'), rue Neuve Saint-Honoré. VIII.

Eschaudé (rue de l'), jeu de Longue-Paulme, r. de Seine. V.

Escolle (quay de l'), r. du Petit-Bourbon, place de l'Escole. VI. Voy. Port et Place.

Escossois (collège des), r. des Amandiers. VI.

Escosse (rue d'), r. des Sept Voyes, r. Fromentel. VI.

Escouan (le chasteau d'). VII.

Escouffes (rue des), r. du Roy de Cicille, r. des Rosiers. II.

Escurie (l') de l'hostel de Nemours, r. des Augustins. V. —

de la Reine, r. Matignon, VIII. — du Roy (la grande), aux Thuilleries, VIII.

Escrivons (rue des), r. des Assis, r. de la Vieille Monnoye. V.

Escus (rue des Deux), r. de Grenelle Saint-Honoré, r. des Prouvelles. V.

Esgout, r. du Bout du Monde. IV. — r. du Parc Royal. II. — r. des Esgouts. IV. — r. Montmartre. IV. — (grand) des Marais. IV. — après le Pont des Marais, au fauxbourg Montmartre. VII. — Vieille r. du Temple, en face la r. des Coustures-Saint-Gervais. II.

Esgouts (rue des), r. Saint-Anthoine, r. Neuve Sainte-Catherine. II. — r. du Four, r. de Tarane. V. VI. — r. Saint-Martin, r. Saint-Denis. IV.

Espée de Bois (rue de l'), r. Mouftar, r. Gratieuse. III.

Espernon (hostel d'), et les écuries r. de la Plastrière-Coqueron, Pagevin. V.

Esperon (rue de l'), r. du Jardinet, r. Saint-André-des-Arts. V.

Esselin (maison de M.), quay Daufin, île Saint-Louys. II.

Estrée (hostel d'), r. des Trois-Pavillons, r. des Francs-Bourgeois. II.

Estrapade (l'), au coin des rues des Postes et des Fossez-Sainte-Genefvieve. VI.

Estuves (rue des Vieilles), r.

Saint-Honoré, r. des Deux-Éscus. V.

Evesque (rue de l'), près de la rue des Moulins. VIII.

F

Falconis (maison de M.), quay Malaquais. VIII.

Fauxbourg Saint-Honoré. VIII. — Saint-Jacques du Haut-Pas, porte du fauxbourg Saint-Jacques, porte Saint-Jacques. VI . — Montmartre, porte Montmartre, pont des Marais. VII.

Fauconnier (rue du), r. des Barrières, r. des Prestres. II.

Feramoulin (rue du), r. de la Barre, r. Mouftar. III.

Féron (rue), r. de Vaugirard, r. des Prestres. VI.

Ferronnerie (rue de la), r. Saint-Denis, r. des Deschargeurs. V.

Ferre (rue au), r. Calandre, r. Gervais-Laurent. V.

Fers (rue aux), r. Saint-Denis, marché aux Poirées. V.

Feuillants des Saints-Anges (le monastère des), r. d'Enfer. VI.

Feuillants (les), couvent, r. Neuve Saint-Honoré. VIII.

Feuillantines (les), couvent, fauxbourg Saint-Jacques du Haut-Pas. VI.

Figuier (rue du), r. des Jeûs-

neurs. IV. — r. de la Mortellerie, r. des Prestres. II.

Filles-Dieu (couvent des), r. Saint-Denis et r. Neuve-Saint-Sauveur. IV.

Filles-Dieu (rue des), r. Saint-Denis, r. de Bourbon. IV.

Filles-Pénitentes (les), maison religieuse, r. Saint-Denis et r. Saint-Magloire. V.

Foin (rue du), r. Saint-Louys, hospice de la Charité des femmes. III. — r. Saint-Jacques, r. de la Harpe. V.

Foire (rue au), r. Galande, r. de la Bûcherie. V.

Foire Saint-Germain (la). V. VI. Voy. Porte.

Fontaine, à l'Eschaudé, près la rue Neuve Saint-Honoré. VIII. — à la Grève. V — au coin de l'Arbre Sec et de la r. Saint-Honoré. V. — au coin des rues Bourdel et de la Montaigne Sainte-Genefvieve. VI. devant l'hospital Saint-Lazare. IV. — en face le cloistre Saint-Benoist, r. Saint-Jacques. VI. — fauxbourg Saint-Jacques du Haut-Pas, près Nostre-Dame des Champs. VI. — parvis Nostre-Dame. V. —

piliers des Halles. V. — place Maubert. V. — porte Bodoyer. V. — porte Saint-Michel. VI. — quay des Augustins. V. — r. des Vieilles-Haudriettes. V. — r. Barre-du-Bec. V. — r. de la Barillerie. V. — r. de la Cousture Sainte-Catherine et r. Saint-Anthoine. II. — r. des Cordelires (*sic*). V. — r. du Chaulme. V. — r. Neuve des Bons-Enfants. V. — r. Neuve des Fossez. V. — r. Pierre-au-Poisson. V. — r. Saint-Jacques au coin de la r. Saint-Séverin. V. — r. Saint-Louis et r. aux Fers. V. — r. Saint-Laurent. IV. — r. Saint-Martin, entre les rues de la Couroyeier et Maubué. V. — DE LA REINE, au coin de la r. Greneta. IV. — DU PONTHIEU, r. Saint-Denis, au coin de la r. des Esgoûts. IV.

FONTAINE (rue de la), r. d'Orléans, r. du Puits-l'Hermitte. III.

FONTAINEBLEAU (le chasteau de), VII.

FONTAINES (rue des), r. du Temple, r. Frépilon. IV.

FONTENAY-MAREUIL (hostel de), r. Coquéron. V.

FOR-L'EVESQUE (le), quay de la Mégisserie, r. Saint-Germain-de-l'Auxerrois. V.

FORCE (hostel de la), r. du Louvre. V.

FORTRAY (collège de), r. des Sept Voyes. VI.

FOSSE-AUX-CHIENS (rue de la), r. des Bourdonnois, maison de M. Le Vieulx. V.

FOSSEZ (rue des), r. Mouftar, quay Saint-Bernard, II, III, et VI.

FOSSEZ (rue Neuve des), r. des Boucheries, r. de Bussy. V.

FOSSEZ GERMAIN (rue des), r. de l'Arbre-Sec, r. des Poulies. V.

FOSSEZ-MONTMARTRE (rue des), r. Montmartre, r. Neufve des Petits-Champs, IV. V.

FOSSEZ SAINT-GERMAIN-DES-PRÉS, r. Neufve Saint-Lambert, porte Saint-Michel. V, VI.

FOSSEZ [Saint-Germain-des-Préz] (rue), porte Dauphine, quay Malaquais. V.

FOSSEZ SAINTE-GENEVIÈVE (rue des), porte Saint-Marceau, porte Saint-Jacques. VI.

FOSSEZ (rue des) [Saint-Victor] porte Saint-Bernard, porte Saint-Victor. VII.

FOSSOYEURS (rue des), r. de Vaugirard, r. du Cimetière. VI.

FOUQUET procureur général, (maison de M.), r. du Temple. V.

FOUR (rue du), r. des Boucheries, la Croix-Rouge. V, VI, IX, r. Saint-Honoré, r. Montmartre. V.

FRANCE (LA NOUVELLE), près le grand enclos Saint-Lazare. IV.

FRANÇOIS (cour du roy), r. Saint-Denis. IV.

FRANÇOISE (rue), voy. r. du ROY DORÉ. II, r. du Puits l'Hermite, r. Gracieuse. III, — r. Mauconseil, r. Pavée. V.

FRANCS - BOURGEOIS (rue des), r. d'Enfer, église Saint-Marcel. III, r. Payenne, vieille r. du Temple. II.

FREMENTEAU (rue), Palais-Royal, le Guichet du Louvre. V.

FRÉPILON (rue), r. des Fontaines, r. au Maire. IV.

FRIPPERIE (rue de la GRANDE), aux Halles. V.

FRIPPERIE (rue de la PETITE), aux Halles. V.

FROMAGERIE (rue de la), marché aux Poirées, r. Traisnée. V.

FROMENTEL (rue), r. des Sept Voyes, r. Saint-Jean de Beauvais. VI.

FUZEAUX (rue des), quäy de la Mégisserie, r. Saint-Germainde-l'Auxerrois. V.

G

GABELLES (bureau des), r. Barre du Bec. V.

GAILLARDBOIS (rue du), r. de la Croix, r. Saint-Martin. IV.

GAILLON (rue de), r. Neufve-Saint-Honoré. VIII.

GALANDE (rue), place Maubert, r. Saint-Jacques. V.

GALERIE. Voy. LOUVRE. III.

GALLARD (M.). Voy. COURANCES. IX.

GALLARD (maison de M.), r. Saint-Louys [en l'Isle].

GARANCÉ ou GARANCIÈRE (rue), r. de Vaugirard, r. des Prestres. VI.

GARENNE (la), près la porte de la Conférence. VIII.

GEOFFROY L'ANGEVIN (rue), r. Sainte-Avoye, r. Beaubourg. V.

GERVAIS (maison de M.), r. de la Féronnerie. V.

GERVAIS-LAURENT (rue), r. de la Lanterne, r. de la Vieille-Drapperie. V.

GERVAIS OU DES MORINS (rue), r. des Coustures-Saint-Gervais, r. Saint-François. II.

GESVRES (rue de), r. de la Planchemibret, pont Notre-Dame. V.

GILLE CŒUR (rue), r. Saint-André-des-Arts, quay des Augustins. V.

GINDRE (rue du), r. Mézière, r. du Vieil-Colombier. VI.

GIRARD (maison de M.), r. de Monnoye. V.

GLATIGNY (rue), r. des Marmouzets, la Seine. V.

GOBELINS (les), r. Mouftar et rivière des Gobelins. III.

GOBELINS (la rivière des). II. III.

GRAND CHANTIER (rue du), r. des Vieilles Audriettes, r. Pastourelle. V.

GRAND-COURS-D'EAU (quay du), le pont au Change, le pont Neuf. V.

GRANDE POSTE (la), r. Saint-Jacques. V.

GRANDS DEGRÉS (les), en face la rue de Bièvre. V.

GRAMMONT (collège de), r. du Jardinet. V.

GRASSINS (collège des), r. des Amandiers. VI.

GRATIEUSE (rue), r. des Coupeaux, r. de l'Espée de Bois. III.

GRAVILIERS (rue des), r. du Temple, r. Saint-Martin. IV.

GRENELLE (plaine de), IX.

GRENELLE (rue de), la Croix-Rouge, Grenelle. VIII. IX.

GRENELLE SAINT-HONORÉ (rue de), r. Saint-Honoré, r. Coquillière. V.

GRENETA (rue), r. Saint-Martin, r. Saint-Denis. IV.

GRENIER SAINT-LAZARE (rue), r. Beaubourg, r. Saint-Martin. V.

GRENIER SUR L'EAU (rue), r. l'Asnier, r. des Barres. II. V.

GRENIERS A SEL (les), r. Saint-Germain de l'Auxerrois. V.

GRENOUILLÈRE (la), au fauxbourg-Saint-Germain. VIII.

LA GRÈVE. V.

GRÈVE (quay de la), port au bled, la Grève. V.

GUÉNÉGAUD (hostel de), quay de Nevers. V.

GUÉNÉGAUD (maison de), r. des Francs-Bourgeois. r. Saint-Louys. II.

GUÉRINBOISSEAU (rue), r. Saint-Martin, r. Saint-Denis. IV.

GUICHET (le) du Louvre. V.

GUILLAUME (rue), quay d'Orléans, r. Saint-Louys. II.

GUILLEMYN (rue), r. du Vieil Coulombier, r. du Four. VI.

GUISARDE (rue), foire Saint-Germain, r. des Canettes. VI.

GUISE (hostel de), r. du Chaulme. V.

GUY D'AUXERRE (rue), r. de la Monnoye. V.

H

HALLE AU BLED (la), r. de la Fromagerie. V.

HALLES AUX DRAPS ET AUX TOILES. V.

HALLES (les Grandes), et les piliers des Halles. V.

HALLES DES PRÉS AUX CLERCS, r. du Barq et r. de Beaune, VIII.

HALLIER (hostel du), r. des Bons-Enfants. V.

HAMEAUX (maison de M. DES), place Royale et r. des Esgoûts. II.

HARANGERIE, pilier des Halles. V.

HARANGERIE (rue de la VIEILLE),

r. du Chevalier du Guet, r. de la Tabletterie. V.

Harcourt (collège de), r. de la Harpe. VI.

Harlay (rue de), quay des Orfèvres, quay du Grand Cours d'eau. V.

Harpe (r. de la), porte Saint-Michel, r. Saint-Séverin. V. VI.

Harquebusiers (jardin des), en face de la r. des Tournelles. II.

Haudriettes V. (les), hospice et chapelle, r. de La Mortellerie. V.

Hautefeuille (rue), r. des Cordeliers (*sic*), r. du Cimetière Saint-André. V.

Haut-Moulin (rue du), r. Glatigny, r. de la Lanterne. V.

Heaumerie (rue de la), r. de la

Vieille-Monnoye, r. Saint-Denis. V.

Hémery (maison de M. d'), r. Neuve-des-Petits-Champs. V.

Hervalt (maison de M. d'), r. des Vieux-Augustins. V.

Homme armé (rue de l'), r. Sainte-Croix-de-la-Bretonnerie , r. des Blancs-Manteaux. V.

Hospital (hostel de l'), r. des Fossés-Montmartre , et du Petit Reposoir. V.

Hospital (M. le maréchal de L'), gouverneur de Paris. Ses armoiries. I.

Hostel de Ville (l'). V.

Hostel-Dieu (le Grand), parvis Nostre-Dame. V.

Huchette (rue de la), r. Saint-Jacques, r. de la Bouclerie. V.

I

Incurables (les), r. de Sève (*sic*). IX.

Irondelle (rue de l'), place du pont Saint-Michel, r. Gille Cœur. V.

Isle du Palais ou Place Dauphine, r. de Harlay, le Pont-Neuf. V.

J

Jacobins (les), *couvent*, r. de la Harpe, r. Saint-Jacques. VI.

Jacobins (novitiat des), r. Saint-Dominique. VIII.

Jacobins (les PP.), r. Neuve Saint-Honoré. VIII.

Janin (maison de M.), quay Saint-Paul. II.

Jardinet (rue du), r. Mignon, Cour de Rouen. V.

Jardins (rue des), r. des Barrières, r. des Prestres. II.

Jean-Beau-Sire (rue), porte Saint-Anthoine, r. des Tournelles. II.

Jean de Beausse (rue), r. de la

Petite Fripperie, r. de Grande Fripperie. V.

JEAN DE L'ESPINE (rue), la Grève, r. de la Vannerie, r. de la Coustellerie. V.

JEAN L'ENTIER (rue), r. des Lavandières, r. Saint-Sartin-Pêtre. V.

JEAN-PAIN-MOLET (rue), r. de la Coustellerie, r. des Assis. V.

JEAN SAINT-DENIS (rue), r. de Beauvais, r. Saint-Honoré. V.

JEAN TISON (rue), r. des Fossez-Germain, rue de Bailleul. V.

JÉSUITES (les), Saint-Louys, r. Saint-Anthoine, Saint-Paul. II.

JÉSUITES (novitiat des), r. du Pot-de-Fer. VI.

JÉSUITES. Voy. CLERMONT (collège de). VI.

JEUSNEURS (rue des), r. du Sentier, porte Montmartre. IV.

JOQUELET (rue), r. Montmartre, r. Nostre-Dame des Victoires. IV.

JOUY (rue de), r. des Nonaindières, r. Saint-Anthoine. II.

JUDAS (rue), r. de la Montaigne Sainte-Genviefve, r. des Carmes. VI.

JUIFS (rue des), r. du Roy-de-Cicille, r. des Rosiers. II.

JUIFVERIE ou MARCHÉ-PALUT (rue de la), Petit-Pont, r. de la Vieille Drapperie. V.

JUSSIENNE (rue de la), r. Verdelet, r. Montmartre. V.

JUSTICE (collège de), r. de la Harpe. VI.

L

LA MARCHE (rue de), r. d'Anjou, r. de Bretagne. I, II.

LAMBERT (maison de M.), r. Saint-Louys [en l'Isle]. II.

LANCE (Robert de), ses armoiries. (Écusson d'angle). VII.

LANTERNE (rue de la), r. de la Vieille Drapperie, pont Nostre-Dame. V. r. Saint-Bon ; r. des Assis. V.

LAON (collège de), r. des Carmes. V.

LAVANDIÈRES (rue des), r. Saint-Germain de l'Auxerrois, r. de la Vieille Cordonnerie. V. —

rue des Noyers, r. Galande. V.

LE COCQ (maison de M.), r. des SS.-Pères et r. de Sorbonne. VIII.

LE COGNEUX (maison de M.), r. de Grenelle. VIII.

LE FÈVRE (maison de M.), r. l'Asnier. II.

LE MOYNE (collège du CARDINAL), r. Saint-Victor. II.

L'ESCRITOIRE (bureau de). Voyez BUREAU. V.

LESDIGUIÈRES (hostel de). Voyez DESDIGUIÈRES. I.

M

MAGDELAINE (la), *église*, r. de la Juifverie. V.

MADELEINE (rue de la), r. Saint-Thomas. VI.

MAGDELONNETTES (les), *communautés de filles*, r. des Fontaines. IV.

MAIL (le), à l'Arsenal. II.

MAIL (rue du), r. Montmartre, r. du Petit Reposoir. IV, V.

MAINE (hostel du), r. Saint-Anthoine. II.

MAIRE (rue Au), r. Frépilon, r. Saint-Martin. IV.

MAISON (le chasteau de). VIII.

MAISON ABBASSIALE (Saint-Germain-des-Prés). V.

MAISONS royales et remarquables aux environs de Paris. Voyez : MADRID, VERSAILLES, RUEL, VINCENNES, BISESTRE, ACQUEDUC D'ARCUEIL, SAINT-GERMAIN, MONCEAUX, VILLERS-COTRAIT, CHANTILLY, LIMOURS, BOIS-LE-VICOMTE, ESCOUAN, FONTAINEBLEAU.

MAISTRE-GERVAIS (collège), r. Bourg-le-Brie et r. du Foin. V.

MALAQUAY (quay), r. du Barq, r. des Fossez. V.

MANÈGE (le), aux Thuilleries, VIII.

MARAIS (esgoût des), poterne des Marais, porte du Temple. I.

MARAIS (poterne du), en face de la rue de Poictou. I. Voy. PONT.

MARCHE (collège de la), r. Traversière. V, VI.

MARCHÉ (le), r. de Beausse, r. de Berry et r. de Bourgogne. I.

MARCHÉ (PETIT) ST-MARTIN, r. Saint-Martin, en face l'église Saint-Nicholas-des-Champs. IV.

MARCHÉ AU CHANVRE (le), r. de la Tonnellerie. V.

MARCHÉ AU CIMETIÈRE SAINT-JEAN, r. de la Verrerie, porte Baudoyer. V.

MARCHÉ AUX CHEVAUX, le mercredi, r. Saint-Victor. III. — Marché aux chevaux des samedys, près la r. de Gaillon. VIII.

MARCHÉ AUX COCHONS (le), r. Saint-Victor. III.

MARCHÉ AUX CUIRS (le), à gauche de la Halle aux Draps, derrière la Boucherie de Beauvais. V.

MARCHÉ AUX POIRÉES, r. de la Lingerie, aux Halles. V.

MARCHÉ NEUF (le), à droite du Pont Saint-Michel. V.

MARCHÉ PALUT (le), à la suite de la r. de la Juifverie, près du Petit-Pont. V.

MARÉE (la), pillers des Halles. V.

MARETS (rue des), r. de Seine, r. des Petits-Augustins. V. — fauxbourg Saint-Martin. IV.

MARIE (Pont). Voy. PONT.

MARIONNETTES (rue des), r. de l'Arbaleste, fauxbourg Saint-Jacques-du-Haut-Pas. VI.

MARIVAUX (rue), port au Bled, r. de la Mortellerie. V. — r. des Escrivons, r. des Lombards. V. Voy. PETIT.

MARMOUTIER (collège de), r. Saint-Jacques. VI.

MARMOUZETS (rue des), r. de Bièvre, r. Saint-Hipolyte. III.

MASCON (rue), r. de la Bouclerie, r. St-André-des-Arts. V.

MASSONS (rue des), place de la Sorbonne, r. des Mathurins. VI.

MATHURINS (les), *couvent*, r. des Mathurins et r. du Foin. V.

MATHURINS (rue des), r. Saint-Jacques, r. de la Harpe. V.

MATIGNON (rue), r. des Orties. VIII.

MATIVAUX (rue). Voy. MARIVAUX. V.

MAUBERT (place). Voy. PLACE.

MAUBUÉ (rue), r. du Poirié, r. Saint-Martin. V.

MAUCONSEIL (rue), r. Saint-Denis, r. Montorgeuil. V.

MAUROY (maison de M. DE), r. Neuve Saint-Honoré. VIII.

MAUVAIS-GARÇONS (rue des), r. de la Tissanderie, r. de la Verrerie. V.

MAUVAIS-GARÇONS (rue des), r. des Boucheries, r. de Bussy. V.

MAUVAISES-PAROLES (rue des), r. des Lavandières, r. des Bourdonnois. V.

MAZARIN (palais), r. Vivienne et r. de Richelieu. VII, VIII.

MÉDECINE (collège de), r. des Rats. V.

MÉGISSERIE (quay de la), r. de l'Abrevoir-Pépin.

MEILLANT (maison de M.), quay d'Anjou (île Saint-Louys). II.

MÉLUSINE (hostel de), r. des Bons-Enfants. V.

MENESTRIERS (rue des), r. Beaubourg, r. Saint-Martin. V.

MERCIERS, JOAILLIERS (bureau des), r. Quincampoix. V.

MERCY (collège de la), r. des Sept-Voyes. VI.

MERCY (la), *couvent*, r. du Chaulme. V.

MESME (maison de M. DE), r. Saint-Avoye. V.

MESNIL (chemin du), fauxbourg du Temple. I.

MESNIL-HABERT (le chasteau), appartenant à M. de Montmor. IX.

MEURIER (rue du), r. Traversière, r. Saint-Victor. V, VI.

MEZIÈRE (rue), r. du Pot-de-Fer, r. Cassette. VI.

MICHEL-LE-COMTE (rue), r. Saint-Avoye, r. Trousse-Nonain. V.

MIGNON (collège de), r. Mignon, r. du Jardinet, r. du Batoit (*sic*). V.

MIGNON, r. du Jardinet, r. du Battoit (*sic*). V.

MINIMES (les), *couvent*, rue des Tournelles et rue Neuve-Saint-Gilles. II.

MIRACLE (cour des), r. Neuve-Saint-Honoré. VIII.

MIRACLES (cour des), r. Neuve Saint-Sauveur, derrière le couvent des Filles-Dieu. IV.

MISÉRICORDE (*église de la*), r. Notre-Dame et r. du Pont aux Biches. III.

MOFIS (place). Voyez PLACE.

MONCEAU SAINT-GERVAIS (rue

du), porte Bodoyer, r. Long-Pont. V.

MONCEAUX (le chasteau de). VII.

MONCHENY (hostel de), r. d'Orléans. II.

MONDÉTOUR (rue de), r. des Prescheurs, r. Saint-Jacques-de-l'Hospital. V.

MONNOYE (rue de la), r. Saint-Germain de l'Auxerrois, r. de Bétisy. V.

MONNOYE AU MOULIN (la), rue des Orties. VIII.

MONNOYE DU ROY (la), r. de la Monnoye. V.

MONTAIGNE SAINTE-GENEVIÈVE, (rue de la), place de l'Abbaye Sainte-Genefviève, place Maubert. V. VI.

MONTAIGU (collège de), ou Capetes, r. Saint-Estienne des Grès. VI.

MONTMARTRE. Voy. PORTE.

MONTMARTRE (Paris vu de). I.

MONTMARTRE (rue), r. Traisnée, porte Montmartre. IV. V.

MONTMARTRE (ruette), r. Montmartre. II.

MONTMOR (maison de M. de), r. Saint-Avoye. V.

MONTMOR (M. de). Voy. MESNIL-HABERT. IX.

MONTMORENCY (hostel de), r. Saint-Avoye. V.

MONTMORENCY (rue), r. Trousse-Nonnain, r. Saint-Martin. V.

MONTORGEUIL (rue), r. de la Fromagerie, r. de Cléry. IV, V.

MORFONDUS (rue des), r. des Coupeaux, r. des Fossez-Saint-Victor. III.

MORIER (rue du), r. de la Verrerie, r. Sainte-Croix de la Bretonnerie. V.

MORINS (rue des). V. GERVAIS (rue). II.

MORTELLERIE (rue de la), r. du Fauconnier, la Grève. II, V.

MOUFTAR (rue), vieille porte Saint-Marcel, porte Saint-Marceau. III, VI.

MOULINS, en amont et en aval du pont Nostre-Dame. V.

MOULINS (rue des), la Butte, r. des Moyneaux. VIII.

MOUTON (rue du), la Grève, r. de la Tisseranderie. V.

MOYNEAUX (rue des), r. des Moulins, r. d'Argenteuil. VIII.

MUETTE (rue de la), r. Saint-Victor, r. de la Barre. III.

N

NANTEUIL (le chasteau de), appartenant à M. de Schomberg. VIII.

NARBONE (collège de), r. de la Harpe. VI.

NATIVITÉ DE JÉSUS (religieuses de la), au coin des rues Payenne et des Francs-Bourgeois. II.

NAVARRE (collège de), r. de la

O

ORLÉANS (quay d'), au pont de la Tournelle, r. Saint-Louys, (île Saint-Louys). V. VI.

ORLÉANS (ruë de), r. Saint-Honoré, r. des Deux-Escus. V. — R. des Quatre-Fils, r. de Berry. II. — R. Mouftar, r. Saint-Victor. III.

ORLOGE (l') DU PALAIS, r. de la Barillerie, et quay du grand-Cours-d'eau. V.

ORLOGE (l') Saint-Eustache, à la Pointe Saint-Eustache. V.

ORPHÈVRES (quay des), poterne du Palais, le Pont-Neuf. V.

ORTIES (rue des), r. Saint-Thomas du Louvre. VIII.

OURS (rue aux), r. Saint-Martin, r. Saint-Denis. V.

P

PAGEVIN (rue), r. Coqueron, r. des Vieux-Augustins. V.

PALAIS (le), la cour, la poterne, l'horloge. V.

PALAIS ROYAL. V, VIII.

PALAIS ROYAL (offices du), r. des Bons-Enfants. V.

PAN (rue du), r. Traversière, r. Saint-Victor. V, VI.

PAON (r. du), r. des Cordelires, (sic), r. du Jardinet. V. Voy. PETITE.

PARADIS (rue de), r. des Vignes, fauxbourg Saint-Jacques-du-Haut-Pas. VI.— vieille rue du Temple, r. du Chaulme. V.

PARCHEMINERIE (rue de la), r. Saint-Jacques, r. de la Harpe. V.

PARC ROYAL (rue du), place royale, r. des Minimes. II. — r. Saint-Louys, r. de Tourigny. II.

PARIS. Voy. MONTMARTRE et VILLE.

PARVIS NOSTRE-DAME (le). V.

PASTOURELLE (rue), r. du Grand-Chantier, r. du Temple. I, IV.

PAULME (Jeu de Longue), Fossez Saint-Germain-des-Prez. VI. — r. des Fossez-Sainte-Geneviève. VI, r. du Petit-Bourbon, r. de l'Eschaudé. V.

PAVÉE (rue), r. du Roy de Cicille, r. des Francs-Bourgeois. II. — r. des Deux-Portes, r. Montorgeuil (sic). V.

PAVÉE D'ANDOUILLES (rue), r. Saint-André-des-Arts, quay des Augustins. V.

PAYENNE (rue), r. des Francs-Bourgeois, r. du Parc-Royal. II.

PÉLICAN (rue du), rue des Petits-Champs, r. de Grenelle Saint-Honoré. V.

PELLETERIE (rue de la), r. de la Lanterne, r. de la Barillerie. V.

PLACE AU POISSON (la), derrière
le Petit-Chastelet. V. — AUX
VEAUX, quay Saint-Paul. II;
r. Planche Mibret, r. de la
Vieille Tannerie. V. — DAU-
PHINE, isle du Palais. V. — DE
L'ESCOLLE, quay de l'Escolle,
r. de l'Arbre-Sec. V. — MAU-
BERT, r. de la Montaigne
Sainte-Genefviève. V. — MO-
FIS, quay Saint-Paul. II. —
ROYALE (la), r. Royale, r. Saint-
Louys, r. du Parc-Royal. II. —
r. DE LA SORBONNE. VI.

PLANCHEMIBRET (rue de la), r. de
Gèvres, r. Saint-Jacques-de-la-
Boucherie. V.

PLANTES (Jardin des) MÉDICI-
NALES, r. Saint-Victor. III.

PLASTRE (rue du), r. des Anglois,
r. Saint-Jacques. V. — r. de
l'Homme-Armé, r. Sainte-
Avoye. V.

PLASTRIÈRE (rue), r. Coquilière,
r. Montmartre. V.

PLATS D'ESTAIN (rue du), r. des
Lavandières, r. des Déchargeurs. V.

PLEURS (rue Grand), r. Saint-
Denis. IV.

POICTOU (rue de), vieille rue du
Temple. I.

POIDS DU ROY (le), r. des Lombards. V.

POIRÉES (rue des), r. Saint-Jacques. VI.

POISSONNIÈRE (petite rue), r.
Beauregard, r. de la Lune.
IV.

POITEVINNE (rue), r. Hautefeuille, r. du Batoit. V.

POMPE (la), au Pont-Rouge.
VIII.

PONCEAU (le), à l'embouchure
de la rivière des Gobelins. III.

PONT (le PETIT), Petit Chastelet,
r. de la Juifverie. V. — AUX
BICHES, au coin des rues de la
Croix et Neuve-Saint-Martin.
IV. — AU CHANGE, quay du
Grand Cours-d'Eau, r. de Ges-
vres. V. — DE BOIS, rue d'En-
fer, quay de Bourbon. V. —
DE L'HOSTEL-DIEU. V. — MA-
RIE, quay d'Alençon, quay
Saint-Paul. II. — DES MARAIS,
au fauxbourg Montmartre.
VII. — NEUF, quay des Augus-
tins. III. V. — NOSTRE-DAME,
r. de la Lanterne, r. de Gè-
vres. V. — ROUGE, quay Ma-
laquais. VIII, et Vue de la
Gallerie du Louvre. III. — DE
LA TOURNELLE, quay Daufin.
II. — SAINT-MICHEL, Marché-
Neuf, quay des Augustins. V.

PONT AUX BICHES (rue du), r. de
la Muette, r. Nostre-Dame.
III.

PONTIEU. Voy. FONTAINE.

PONT-LES-CAVES (le chasteau de),
appartenant à M. de Chavigny. VIII.

PONTS (rue des DEUX), pont de
la Tournelle, pont Marie. II.

PORT AU BLED, place aux Veaux,
quay de la Grève. V. — AU
FOIN. V. — AUX ŒUFS, r. de
la Pelleterie. V. — DE L'ES-
COLLE, renvoi P du Plan de la
Gallerie du Louvre. III. —
DU MULET, quay de la Tour-
nelle. V. — SAINT-LANDRY, rue

d'Enfer. V.—Saint-Nicholas, au bas du Guichet du Louvre. V. — Saint-Paul, en face de la rue Saint-Paul. II.

Port-Royal (le), fauxbourg Saint-Jacques et rue de la Bourbe. VI.

Porte aux Peintres (rue de la), r. Saint-Martin. V.

Porte Bodoyer. V. — de Bussy (la), r. Saint-André des Arts, r. des Fossés. V. — Dauphine, r. Dauphine. V. — de la Conférence, quay des Thuileries. VIII. — de la Foire Saint-Germain, r. du Four. V. — Greffière, r. des Boucheries. V. — de Nelle, au quay de Nevers. V. — de Paris, Grand Chastelet. V. — de la Poissonnerie, r. Montorgeuil. IV. — de Richelieu, r. de Richelieu. VII. — de la Tournelle, près le pont de ce nom. II. — du Temple, entre lâ rue du Temple et le fauxbourg du Temple. I. — Greffière, r. des Boucheries. V. Montmartre. IV.—Neuve, au Louvre. VIII et Vue de la *Gallerie* du Louvre. III. Voy. Tour Papale, murée, r. des Fossez Sainte-Genefviève. VI. — Saint-Anthoine, près de la Bastille. II. —Saint-Germain. V. — Saint-Honoré, r. Neuve Saint-Honoré. VI. — Saint-Denis, r. Saint-Denis, r. du fauxbourg Saint-Denis. IV. — — Saint-Jacques, entre la rue Saint-Jacques et le fauxbourg. VI. Du faubourg Saint-Jacques. VI.—Saint-Marceau.

en haut Bourdel. VI. — Saint-Marcel (vieille), r. Mouftar et chemin de Villejuifve. III. — Saint-Martin, r. Saint-Martin, fauxbourg Saint-Martin. IV. — Saint-Michel, en haut de la rue de la Harpe. VI. — Saint-Victor, au bout de la rue Saint-Victor. III.

Poste aux Lettres, r. Saint-Jacques. V.

Postes (rue des), r. de l'Arbaleste, r. des Fossez Sainte-Geneviefve. VI.

Pot-de-Fer (rue du), r. Mouftar, r. des Postes. III. VI. — r. de Vaugirard, rue du Vieil Coulombier. VI.

Poterne du Palais. Voy. Palais.

Potterie (rue de la), r. de la Tisseranderie, r. de la Verrerie. V. — aux Halles, r. de la Lingerie, r. de la Tonnellerie. V.

Poules (rue des), r. du Puits qui parle, r. des Fossez Sainte-Geneviefve. VI.

Pouletterie (rue), r. Saint-Louys, quay d'Alençon. II.

Poulies (rue des), r. des Fossez Saint-Germain, r. Saint-Honoré. V.

Poupée (rue), r. de la Harpe, r. Hautefeuille. V.

Pré-aux-Clercs (le). VIII.

Prémontré (collège de), r. Hautefeuille et r. des Cordelires. (*sic*). V.

Prescheurs (rue des), r. Saint-

Denis, Piliers des Halles. V.

PRESLES (collège de), r. des Carmes. V.

PRÊSTRES (rue des), r. Saint-Sulpice, r. des Canettes. VI. — R. Bourdel, place de l'Abbaye Sainte-Geneviefve. VI. — r. de la Parcheminerie, r. Saint-Séverin. V. — SAINT-GERMAIN L'AUXERROIS, Cloistre de Saint-Germain, place de l'Escolle. V. — r. Saint-Paul, r. des Nonaindières. II. — [petite], r. Férou. VI.

PRÉVOST (hostel du GRAND), renvoi de la vue de la Galerie du Louvre. III.

PRINCESSE (rue), r. Guizarde, r. du Four. VI.

PRISON, r. Sainte-Marguerite. V.

PRISONS (les). Voy. BASTILLE (la), CHASTELET (le GRAND), PETIT CHASTELET, FOR L'ÉVEQUE (le), SAINT-MAGLOIRE.

PROUVELLES (rue des), r. Saint-Honoré, r. Traisnée. V.

PUITS, en face les Filles de la Visitation, fauxbourg Saint-Jacques du Haut-Pas. VI. r. des Boucheries. V.

PUITS-CERTAIN, r. Fromentel. VI.

PUITS D'AMOUR, r. de la Truanderie. V.

PUITS DE L'ORME (rue du), fauxbourg Saint-Jacques du Haut-Pas. VI.

PUITS (le) DE ROME, r. Frépilon, derrière l'Abbaye Saint-Martin. IV.

PUITS L'HERMITE (rue du), r. de la Clef, r. Saint-Victor. III.

PUITS QUI PARLE (rue du), r. Mouftar, r. des Postes. VI.

PUTIGNIEUX (rue), r. l'Asnier. II.

PUY (rue du), r. Sainte-Croix de la Bretonnerie, r. des Blancs-Manteaux. V.

Q

QUAYS (les). Voy. ALENÇON, ANJOU, AUGUSTINS, BOURBON, DAUFIN, ESCOLLE, GRAND COURS D'EAU, GRÈVE, MALAQUAIS, MÉGISSERIE, NEVERS, ORLÉANS, SAINT-BERNARD, SAINT-PAUL, THUILERIES.

QUATRE-FILS (rue des), r. du Grand Chantier, vieille rue du Temple. II, V.

QUENOUILLES (rue des), quay de la Mégisserie, r. Saint-Germain l'Auxerrois. V.

QUINQUENPOIX (rue), r. Aubry-le-Boucher, r. aux Ours. V.

QUINZE-VINGTS (les), *hospice*, r. Neuve Saint-Honoré. VIII.

QUIRASSIS (rue), r. Mouftar, r. Saint-Hipolyte. III.

R

Rostang (hostel de), r. du Cocq. V.

Rouen (cour de), r. du Jardinet. V.

Roy Doré (rue du), ou François, r. Saint-Louys, r. Gervais ou des Morins. II.

Roy de Cicille (rue du), vieille r. du Temple, r. des Ballets. II.

Royale (rue), r. Saint-Anthoine, place Royale. II. Voy. Place.

Royaumont (hostel de), r. du Four. V.

Ruel (le chasteau de). IX.

Ruelle (la), r. Saint-Séverin. V.

S

Sabot (rue du), r. du Four, r. du Sépulchre. VI, IX.

Saint-Aignan (chapelle), r. de la Colombe. V.

Saint-Anastaze (rue), r. Saint-Louys, r. Gervais ou des Morins. II.

Saint-André-des-Arts, *église.* V.

Saint-André-des-Arts (rue), r. de la Bouclerie, porte de Bussy, V.

Saint-Anthoine (petit), *couvent*, r. Saint-Anthoine. II.

Saint-Anthoine (rue), la Bastille, porte Bodoyer. II.

Saint-Anthoine (boulevart de la porte), r. Jean Beausire. II.

Saint-Anthoine (fauxbourg), la Bastille. II.

Saint-Barthélemy, *église*, r. de la Barillerie. V.

Saint-Benoist (cloistre), r. Saint-Jacques. VI.

Saint-Benoist (rue), r. Sainte-Marguerite, r. du Coulombier. V.

Saint-Bernard (quay), *embouchure de la rivière des Gobelins*, r. des Fossez. II. III.

Saint-Bon, *chapelle*, r. Saint-Bon. V.

Saint-Bon (rue), r. Jean-Pain-Molet, r. de la Verrerie. V.

Saint-Chamond (hostel), r. Saint-Denis, près de la porte Saint-Denis. IV.

Saint-Christophle, *église*, r. Saint-Christophle. V.

Saint-Christophle (rue), parvis Nostre-Dame, r. de la Juifverie. V.

Saint-Clair, *chapelle*, r. des Bons-Enfants. V.

Saint-Claude (*cul-de-sac*), r. Montorgeuil. IV.

Saint-Claude, r. Saint-Louys. II.

Saint-Denis de la Chartre, *prieuré*, r. de la Lanterne (dans la Cité). V.

Saint-Denis du Pas, *église*, cloistre Nostre-Dame. V.

Saint-Denis (hostel de), r. du Grand-Chantier. V.

Saint-Denis (rue), pont au

église, r. du Crucifix, r. des Escrivons. V.

Saint-Jacques de la Boucherie, (rue), r. des Assis, r. Saint-Denis. V.

Saint-Jacques (rue), porte Saint-Jacques, petit Chastelet. V. Voy. Porte.

Saint-Jacques (vieille rue), r. Mouftar, r. du Pont-aux-Biches. III.

Saint-Jean de Latran, *commanderie*, r. Saint-Jean de Latran. V.

Saint-Jean de Latran (rue), r. Saint-Jean de Beauvais, r. Saint-Jacques. VI.

Saint-Jean, *église*, r. Saint-Jean. V. Voy. Cloistre et Marché.

Saint-Jean (rue), r. Pernelle, la Grève. V.

Saint-Jean de Beauvais (rue), r. Saint-Jean de Latran, r. des Noyers. V.

Saint-Jean le Rond, *église*, parvis Nostre-Dame. V.

Saint-Joseph, *cimetière* et *chapelle*, r. Montmartre. IV.

Saint-Joseph (Filles de), r. Saint-Dominique. VIII.

Saint-Josse, *église*, r. Aubry-le-Boucher et r. Quinquenpoix. V.

Saint-Julien le Pauvre, *prieuré*, r. Saint-Julien le Pauvre. V.

Saint-Julien le Pauvre (rue de), r. Galande, r. de la Bûcherie. V.

Saint-Julien des Ménestriers, *église*, r. Saint-Martin. V.

Saint-Lambert (rue Neuve), r. de Vaugirard, r. des Boucheries. V. VI.

Saint-Landry, *église*, r. du Chef-Saint-Landry. V.

Saint-Landry (rue), r. des Marmouzets, la Seine. V. Voy. Port.

Saint-Laurens, *église*, r. Saint-Laurens. IV.

Saint-Laurens (rue), fauxbourg Saint-Martin. IV.

Saint-Laurens (rue Neuve), r. du Temple, r. de la Croix. IV.

Saint-Laurens (ruette), r. Saint-Lazare, r. Saint-Laurent. IV.

Saint-Lazare (grand enclos de). IV.

Saint-Lazare, *hospice lapinière*, r. Saint-Lazare. IV.

Saint-Lazare (rue), ruette Saint-Laurens. IV.

Saint-Leu Saint-Gilles, *église*, r. Saint-Denis. V.

Saint-Louys (hospital), ruette des Recoletz. I, IV.

Saint-Louys, *église*. Voy. Jésuites. — r. Saint-Louys [en l'Isle]. II.

Saint-Louys (l'Isle). II, V.

Saint-Louys (rue), porte du Temple, r. Neuve Sainte-Catherine. I, II. — Pont Saint-Michel, poterne du Palais. V. — quay Daufin, quay d'Orléans (île Saint-Louys). II, V.

Saint-Magloire, *église*, fauxbourg Saint-Jacques du Haut-Pas. VI.

Singes (rue des), r. Sainte-Croix-de-la-Bretonnerie, r. des Blancs-Manteaux. V.

Sintot (maison de M.), quay Daufin. II.

Soissons (hostel de), r. Grenelle, r. Coquillière, r. du Four, r. des Deux-Escus. V.

Soly (rue de), r. de la Jussienne, r. des Vieux-Augustins. V.

Sonnerie (rue de la), r. Saint-Germain de l'Auxerrois, la Vallée de Misère. V.

Sorbone (la), r. la Sorbone. VI.

Sorbone (rue de), place de la Sorbone, r. des Mathurins. VI. Voy. Place.

Sorbone (rue de), r. des Saints-Pères, r. du Barc. VIII.

Sourdéac (hostel de), r. Garancé et r. des Fossoyeurs. VI.

Sourdy ou Suurdis (hostel de), r. d'Orléans. II.

Sourdy (hostel de), r. de l'Arbre-Sec. V.

Souvray (hostel de), r. Frementeau. V.

Sully (hostel de), r. Saint-Anthoine. II.

Sully (M. de). Voy. Rosny. VII.

T

Tabletterie (rue de la), r. Saint-Denis, r. de la Vieille-Harangerie. V.

Tacherie (rue de la), r. de la Coustellerie, r. Saint-Jean-Pain-Molet. V.

Taigneux (hospital des), r. de la Chèze. IX.

Taille-Pain (rue), cloîstre Saint-Médéric, r. Brise-Miche. V.

Tambonneau (maison de M.), r. de Sorbone. VIII.

Tannerie (rue de la), la Grève, r. de la Planche-Mibret. V.

Tapisseries (manufacture de), r. de la Chèze. IX.

Taranne (rue de), r. Saint-Benoist, r. des Saints-Pères. VIII.

Temple (le), r. du Temple. I, IV.

Temple (rue du), le Temple, r. Saint-Avoye. V.

Temple, vieille r. du Temple, r. Saint-Anthoine, r. Saint-Louys. I, II.

Temple (fauxbourg du), porte du Temple, chemin de Belleville. I. Voy. Porte.

Temps-Perdu (rue du), r. du Sentier, r. Montmartre. IV.

Terrain Nostre-Dame (le). V.

Thévenin (maison de M.), r. Richelieu. VII.

Théatins (les), quay Malaquais. VIII.

Thibaud-Todé (rue Saint-Germain de l'Auxerrois), r. de Bétisy. V.

TROUSSE-NONAIN (rue), r. Gre-
nier-Saint-Lazare, r. au Maire.
V.

TROUSSE-VACHE (rue), r. des
Cinq Diamants, r. Saint-Denis.
V.

TRUANDERIE (rue de la), r. Saint-
Denis, r. de Montorgueil. V.

TRUANDERIE (rue de la petite),
r. de la Truanderie, r. de
Mondétour. V.

TRUYES (rue aux), r. Beaubourg,
jardins. V.

TUBŒUF (maison de M.), r. de
Richelieu. VIII.

TURIE (rue de la), r. de la
Vieille-Tannerie, r. Saint-
Jacques-la-Boucherie. V.

U

URSINE (rue de l'), r. Mouftar. III.

URSINS (hostel des), r. Glatigny.
V.

URSULINES (les), fauxbourg
Saint-Jacques-du-Haut-Pas.
VI.

V

VAL DE GRACE (le), fauxbourg
Saint-Jacques du Haut-Pas. VI.

VALÈRE (rue de la), r. d'Avignon, r. de la Heaumerie. V.

VALLÉE DE MISÈRE (la), r. de
l'Abrevoir-Pepin, r. Pierre-
au-Poisson.

VANDOSME (M. DE). Voy. ANET.
VII.

VANDOSME (hostel de), r. Neuve
Saint-Honoré. VIII.

VANNERIE (rue de la), la Grève,
r. de la Planche-Mibret. V.

VANTADOUR (hostel de), r. de
Tournon et r. Garancé. VI.

VARENNES (rue de), r. de la
Chèze. IX.

VARIN (maison de M.), r. des
Orties. VIII.

VAUGIRARD (rue de), Fossez-
Saint-Germain-des-Prés,
plaine de Vaugirard. VI, IX.

VAUGIRARD (plaine de). IX.

VENISE (hostel de), r. Saint-Gilles. II.

VENISE (rue de), r. Nostre-Dame,
r. Saint-Christophle. V. — r.
Saint-Martin, r. Quinquenpoix. V.

VERBE INCARNÉ (religieuses du),
r. de Grenelle. VIII.

VERDELET (rue), r. Plastrière,
r. Coqueron. V.

VERDELET (rue du), r. de la
Truanderie, r. Mauconseil. V.

VERNEUIL (rue de), r. des
Saints-Pères, r. du Barq. VIII.

VERRERIE (rue de la), Vieille r.
du Temple, r. Saint-Martin.
V.

X

Z

FIN DE LA TABLE

IMPRIMÉ

PAR

GEORGES CHAMEROT

19, rue des Saints-Pères, 19

PARIS

9 782329 050102